读有所得

中共湖南省委宣传部指导

《读有所得》编辑部编

学史力行

专辑

湖南文艺出版社
HUNAN LITERATURE AND ART PUBLISHING HOUSE

全体中国共产党员！党中央号召你们，牢记初心使命，坚定理想信念，践行党的宗旨，永远保持同人民群众的血肉联系，始终同人民想在一起、干在一起，风雨同舟、同甘共苦，继续为实现人民对美好生活的向往不懈努力，努力为党和人民争取更大光荣！

——2021 年 7 月 1 日习近平总书记在庆祝中国共产党成立 100 周年大会上的重要讲话

回望过往的奋斗路，眺望前方的奋进路，必须把党的历史学习好、总结好，把党的宝贵经验传承好、发扬好，铭记奋斗历程，担当历史使命，从党的奋斗历史中汲取前进力量。

——2021 年 6 月 18 日习近平总书记在参观“‘不忘初心、牢记使命’中国共产党历史展览”时的重要讲话

前言

百年征程浩荡，百年初心如磐。站在“两个一百年”的历史交汇点上，回望过往的奋斗路，眺望前方的奋进路，党史是教科书，也是营养剂。我们必须把党的历史学习好、总结好，把党的宝贵经验传承好、发扬好，用党的伟大成就激励人，用党的优良传统教育人，用党的成功经验启迪人，用党的历史教训警示人，从党的辉煌历史中认清历史方位，探究历史规律，把握历史大势，激发历史担当，更好地走好新时代的长征路。

为深入贯彻落实党中央和省委关于开展党史学习教育的决策部署要求，扎实开展党史学习教育，引导广大党员干部和群众读经典、学党史，在省委党史学习教育领导小组办公室、省委宣传部的指导下，《读有所得》编辑部推出系列专辑，和读者朋友一起学史明理、学史增信、学史崇德、学史力行，从党的光辉历程中汲取砥砺奋进的精神力量。

目录

读有所得

愚公移山

★ 毛泽东

我们开了一个很好的大会。我们做了三件事：第一，决定了党的路线，这就是放手发动群众，壮大人民力量，在我党的领导下，打败日本侵略者，解放全国人民，建立一个新民主主义的中国。第二，通过了新的党章。第三，选举了党的领导机关——中央委员会。今后的任务就是领导全党实现党的路线。我们开了一个胜利的大会，一个团结的大会。代表们对三个报告[1]发表了很好的意见。许多同志作了自我批评，从团结的目标出发，经过自我批评，达到了团结。这次大会是团结的模范，是自我批评的模范，又是党内民主的模范。

大会闭幕以后，很多同志将要回到自己的工作岗位上去，将要分赴各个战场。同志们到各地去，要宣传大会的路线，并经过全党同志向人民作广泛的解释。

我们宣传大会的路线，就是要使全党和全国人民建立起一个信心，即革命一定要胜利。首先要使先锋队觉悟，下定决心，不怕牺牲，排除万难，去争取胜利。但这还不够，还必须使全国广大人民群众觉悟，甘心情愿和我们一起奋斗，去争取胜利。要使全国人民有这样的信心：中国是中国人民的，不是反动派的。中国古代有个寓言，叫做“愚公移山”。说的是古代有一位老人，住在华北，名叫北山愚公。他的家门南面有两座大山挡住他家的出路，一座叫做太行山，一座叫做王屋山。愚公下决心率领他的儿子们要用锄头挖去这两座大山。有个老头子名叫智叟的看了发笑，说是你们这样干未免太愚蠢了，你们父子数人要挖掉这样两座大山是完全不可能的。愚公回答说：我死了以后有我的儿子，儿子死了，又有孙子，子子孙孙是没有穷尽的。这两座山虽然很高，却是不会再增高了，挖一点就会少一点，为什么挖不平呢？愚公批驳了智叟的错误思想，毫不动摇，每天挖山不止。这件事感动了上帝，他就派了两个神仙下凡，把两座山背走了。现在也有两座压在中国人民头上的大山，一座叫做帝国主义，一座叫做封建主义。中国共产党早就下了决心，要挖掉这两座山。我们一定要坚持下去，一定要不断地工作，我们也会感动上帝的。这个上帝不是别人，就是全中国的人民大众。全国人民大众一齐起来和我们一道挖这两座山，有什么挖不平呢？

昨天有两个美国人要回美国去，我对他们讲了，美国政府要破坏我们，这是不允许的。我们反对美国政府扶蒋反共的政策。但是我们第一要把美国人民和他们的政府相区别，第二要把美国政府中决定政策的人们和下面的普通工作人员相区别。我对这两个美国人说：告诉你们美国政府中决定政策的人们，我们解放区禁止你们到那里去，因为你们的政策是扶蒋反共，我们不放心。假如你们是为了打日本，要到解放区是可以去的，但要订一个条约。倘若你们偷偷摸摸到处乱跑，那是不许可的。赫尔利[2]已经公开宣言不同中国共产党合作，既然如此，为什么还要到我们解放区去乱跑呢？

美国政府的扶蒋反共政策，说明了美国反动派的猖狂。但是一切中外反动派的阻止中国人民胜利的企图，都是注定要失败的。现在的世界潮流，民主是主流，反民主的反动只是一股逆流。目前反动的逆流企图压倒民族独立和人民民主的主流，但反动的逆流终究不会变为主流。现在依然如斯大林很早就说过的一样，旧世界有三个大矛盾：第一个是帝国主义国家中的无产阶级和资产阶级的矛盾，第二个是帝国主义国家之间的矛盾，第三个是殖民地半殖民地国家和帝国主义宗主国之间的矛盾。这三种矛盾不但依然存在，而且发展得更尖锐了，更扩大了。由于这些矛盾的存在和发展，所以虽有反苏反共反民主的逆流存在，但是这种反动逆流总有一天会要被克服下去。

现在中国正在开着两个大会，一个是国民党的第六次代表大会，一个是共产党的第七次代表大会。两个大会有完全不同的目的：一个要消灭共产党和中国民主势力，把中国引向黑暗；一个要打倒日本帝国主义和它的走狗中国封建势力，建设一个新民主主义的中国，把中国引向光明。这两条路线在互相斗争着。我们坚决相信，中国人民将要在中国共产党领导之下，在中国共产党第七次大会的路线的领导之下，得到完全的胜利，而国民党的反革命路线必然要失败。

注释：

［1］指在中国共产党第七次全国代表大会上，毛泽东同志所作的政治报告、朱德同志所作的军事报告和刘少奇同志所作的关于修改党章的报告。

［2］赫尔利，美国共和党的反动政客之一。他在1944年底任美

国驻中国大使，因支持蒋介石的反共政策而受到中国人民的坚决反对，于1945年11月被迫宣布离职。

（选自《毛泽东选集》，人民出版社，1991年6月）

以愚公移山精神汇聚磅礴伟力

荆博

在党的七大闭幕式上，毛泽东借用“愚公移山”的故事生动诠释了中国共产党人的必胜信念。此后，“下定决心，不怕牺牲，排除万难，去争取胜利”的愚公移山精神，激励着千百万热血青年为了实现民族独立、国家富强和人民幸福而不懈奋斗。如今，面对复杂多变的国内外形势，我们更要大力弘扬愚公移山精神，坚定不移把党和人民的事业不断推向前进。

弘扬愚公移山精神，必须做到理想坚定、信念如磐。一个国家、一个民族、一个政党能否在长期艰苦卓绝的奋进征途上，时刻保持昂扬斗志和进取动力，实现薪火相传、接续前行，关键在理想信念的支撑。毛泽东在《愚公移山》中告诫全党：“要使全党和全国人民建立起一个信心，即革命一定要胜利。”正是在革命必胜信念的引领下，党带领人民最终实现了民族解放和国家独立，走上了中国特色社会主义道路。

弘扬愚公移山精神，必须坚持团结一致、齐心协力。毛泽东指出："许多同志作了自我批评，从团结的目标出发，经过自我批评，达到了团结。"当前，世界百年未有之大变局加速演进，国内改革发展稳定任务艰巨繁重，我们比以往任何时候都更需要加强团结。各级党员领导干部应做团结的模范，自觉在思想上政治上行动上同党中央保持高度一致，以党的坚强团结保证全国各族人民的大团结。要勇于拿起批评和自我批评的有力武器，揭短亮丑、红脸出汗，形成坦诚相见、并肩奋斗的良好氛围，不断增强党组织的创造力、凝聚力和战斗力。要用共同的理想、共同的奋斗目标把国家利益、民族利益和个人利益紧密联系起来，力求使各方力量在党的坚强领导下得到有效聚合、充分释放，以同心同德、同心同向的实际行动，汇集起坚不可摧的磅礴力量。

弘扬愚公移山精神，必须做到持之以恒、久久为功。在当时的历史背景下，毛泽东号召大家向愚公学习，就是要告诫全党绝不可麻痹松懈，务必做好长期奋战、永远奋斗的精神准备。"历史只会眷顾坚定者、奋进者、搏击者，而不会等待犹豫者、懈怠者、畏难者。"今天，我们唯有持之以恒、戒骄戒躁，以抓铁有痕、踏石留印的劲头撸起袖子加油干，才能扛起民族复兴的重任。要强化谋长远的战略思维，认清今天取得的成就不过是万里长征的“一段”、伟大事业的“一粟”，容不得半点骄傲懈怠。要坚定接续奋斗、锲而不舍的恒心，守得住清贫，耐得住寂寞，以“功成不必在我，功成必定有我”的意志，一锤接着一锤敲，一任接着一任干，不达目的不罢休。继续发扬“艰苦不怕苦、苦中有作为”的优良传统，敢挑重担子、敢啃硬骨头、敢探深水区，勇于在经历风雨中成长成才。

弘扬愚公移山精神，必须牢记人民至上、造福人民。毛泽东说：“我们也会感动上帝的。这个上帝不是别人，就是全中国的人民大众。”党员干部要始终牢记党的根基在人民、血脉在人民、力量在人民，党的事业就是一切为了人民的事业，党带领人民进行革命、建设和改革，根本目的就是让人民过上更加幸福美好的生活。始终坚持把人民拥护不拥护、赞成不赞成、高兴不高兴、答应不答应作为衡量一切工作得失的根本标准，不贪一时之功，不图一时之名，不逞一时之快，把抓工作落实的出发点落在为民造福上。要立下愚公志，常思百姓苦，善于沉到群众中察民情、取真经，时刻把群众的冷暖安危放在心头，当好群众的知心人、暖心人和贴心人。

（文章有删节，选自《解放军报》2020年10月19日）

毛泽东与“愚公移山”

毛泽东是何时读到愚公移山故事的

早在1913年读师范时，毛泽东在其《讲堂录》里，便记有《列子·汤问》中纪昌学射，视虱如车轮之事。可以推测，他这时即已读过载于同书的愚公移山故事。1919年1月，北大学生傅斯年在《新潮》杂志创刊号上发表《人生问题发端》，讲了愚公移山的故事，随后提出：“我们想象人生，总应当遵从愚公的精神。我的人生观念就是‘愚公移山论’。简捷说罢，人类的进化，恰合了愚公的办法。人类所以能据有现在的文化和福利，都因为从古以来的人类，不知不觉地慢慢移山上的石头土块。”当时，毛泽东正在北大图书馆做报刊借阅登记工作，他很可能读到此文。

和傅斯年不同的是，毛泽东推崇愚公移山，不光是看重其在人类进化和人生观方面的启迪，更多的是往现实奋斗方面去引申，说到底，是提倡一种干到底的精神，即面对困难无所畏惧、勇往直前、义无反顾、坚持不懈的进取精神和大无畏精神。这种精神，反映了毛泽东作为革命家的鲜明性格，也是中华民族文化土壤里长出的一种珍贵的人生观和价值观，还多少与毛泽东几乎是与生俱来的湖南文化性格有关。遇事做到底，坚韧执着，是湘学士风的一个显著特点。湖南人常说的“霸蛮”一词，就有这个意思。青年毛泽东“独服”的曾国藩，讲求“忠义血性”，常说“打脱牙，和血吞”，以及“志之所向，金石为开”，就是执着地将理念付诸行动的刚毅。

从史料看，毛泽东 1938 年就开始不断地讲愚公移山

据保存下来的讲话记录稿，毛泽东最晚在 1938 年就开始不断地讲愚公移山。这年 12 月 1 日和次年 1 月 28 日，他两次在延安“抗大”讲要学习愚公挖山的精神。当时，抗日战争进入相持阶

段，毛泽东很担心单凭一时热情加入抗战队伍的人，没有持久抗战的心理准备，经受不了长期艰苦和挫折的考验。于是在演讲中着重讲道：我们是长期战争，总归要打下去，一直到胡子白了，于是把枪交给儿子，儿子的胡子又白了，再把枪交给孙子，孙子再交给孙子的儿子，再交给孙子的孙子，日本帝国主义倒不倒？不倒也差不多了。讲到这里，他说“这条道理是中国古时一个老头儿发明的”，这就引出一大段愚公移山故事，随后总结：“现在我们就订一个条约：不开小差，坚持长期斗争，长期学习，不怕艰苦。”“抗战一定要胜利，这是坚定的政治方向，不怕任何艰苦困难要坚持着，不要半途而废。”这是毛泽东对愚公移山精神第一次作比较集中的现实引申。

1945 年召开的党的七大，毛泽东在口头政治报告（4 月 24 日）、结论（5 月 31 日）和闭幕词（6 月 11 日），至少三次谈到愚公移山。特别是 6 月 11 日《愚公移山》的闭幕词，可谓是为七大会议主题添了画龙点睛的一笔。

（标题为编者所拟，原题《重温“愚公移山”的哲学意蕴——中国共产党人为何依然要发扬“愚公移山”精神》，作者陈晋，文章有删节，选自《北京日报》2015 年 7 月 27 日）

肃清空谈的领导作风

★ 刘少奇

在我党北方的组织中，存在着严重的空谈主义。这几乎已是北方我党工作的主要障碍。不肃清与改变这种空谈主义，我党的组织和工作是不会活跃起来、开展起来的。

但我着重地指出，空谈主义不存在于支部中，不存在于那些正在公开领导群众向帝国主义与汉奸斗争的同志中，而严重地存在于我党高级和中级的领导机关与领导同志中。我所指的，是这些领导机关与领导同志的空谈的工作作风与空谈的领导方式。因此，我特别要求各省、县、市担负领导工作的同志提高自己的警觉，特别虚心地检查自己的工作方式与领导方式。在这里，我们不能容许用“空谈主义”去责骂支部与担负群众工作的同志。

我看过同志们写的一些带指示性质的文章、信件、工作报告、政治报告等，这些东西是特别长、重复、乏味，而内容非常空泛与不清楚。指示与文件的公式化、刻板化，我们的许多同志还没有改正过来。或者是为着要“具体”，而把一切细小的事情毫无组织与中心地堆积起来；或者是为着“不脱离总的形势”而泛论全世界、全中国各方面的形势，玩弄许多政治名词，傲慢地咒骂一切。我常用极大的忍耐看完一篇东西，但我还不能了解这篇东西到底是说的什么问题。如果用这些东西去指导工作与教育同志，那是只能得到极坏的结果的。

我们说要反对关门主义与冒险主义，然而在许多地方这又成为佛经中的“阿弥陀佛”，把关门主义与冒险主义诚心念它千遍之后，自己还没有懂得关门主义与冒险主义到底是什么东西，到底在他那里是否也有这种东西。

常常一件活生生的事情，一个活泼泼的问题，一到这些空谈家的手里和嘴里，就变成了死气沉沉的东西。本来是很活泼有生气的同志，一经过这些空谈家的责骂和搬弄之后，就变成了像失掉灵魂和前途的人一样。

同志们！空谈没有好处，只有坏处。要求同志们尤其是领导同志们绝不要空谈。你们应该客观些、细心些、诚实些，有什么你们就说什么，懂得，你们就说懂，不懂得，你们不要说懂。你们应该特别虚心学习，把你们还没有把握没有了解清楚的问题，用各种方法去弄清楚。不要在你们自己还没有弄清楚的问题上教训别人，指导别人。与其对下面指导错了，不如少去指导还好。

我提议对下面除非有完全的必要，应少采取指示与命令的方式，多采用提议、建议与讨论的方式。绝对的东西应该少一些，多留一些回旋的余地。少去责骂下面，多去帮助下面。尤其随便宣布下面或某些同志为机会主义，无论如何是不能允许的。如果下面对于某些问题不了解或了解有错误，你们的任务是指正与帮助下面了解。如果下面对某些问题未注意或注意不够，你们的任务是提起他们的注意。在这里，板起教师的面孔责骂是用不着的，没有好处的。

目前我们的总任务，是准备大规模的抗日反汉奸的战争，而实现这个总任务的总策略是广泛的民族统一战线。这是我们详细分析了目前世界与中国的形势之后所得出来的结论。我们每一个同志就应该把这些详细地研究清楚。但当我们研究清楚之后，如果形势没有重大的新的变动，我们就不要在一切文件上，在各种说话中，千遍重复地来分析世界与中国的形势（现在是天天在一切事情上都分析形势，但又很少有同志真正来研究一次形势），也不要拿着“准备抗战”与“统一战线”在口头上当作“圣经”来念，而是要我们各地的同志根据各地方、各工厂、各学校、各农村、各兵营的具体特殊环境，进行当时当地的准备抗战与统一战线的工作。总任务与总策略是一个，但一到实际工作上，各地方各部分就各有不同。我们的同志就要善于细心地去分析各地方各部分的特殊环境与条件，去决定在这个工厂、这个农村，在今天可以做什么？能够做什么？怎样做法？这些做好了，明天又做什么？我们的同志如能这样去做工作，就不会不实际。

我们的同志还要严重地注意工作从哪里下手？从何处开始？这也是根据各工厂、学校或农村的特殊条件与同志的能力来决定的。这里可以从办报纸开始，那里可以从组织研究会下手；这里是发动经济斗争，那里甚至只能从找人谈话、介绍书报开始。然而只要我们能确实地走了第一步，我们就可能去走第二步；切实地抓住了第一个环子，就可以过渡到另一个环子。

各地方的领导干部还要特别注意那些中心支部、中心的群众团体和有能力、有信仰、有发展前途的个别同志，给他们以更多的帮助和训练，爱护与提拔他们，这样才能依靠这些支部、这些团体、这些同志，使工作开展起来。

我还要求我们的同志用一番功夫去研究党的决议和文件，去把目前的形势和党的策略任务详细研究清楚，这也是使我们的工作进入实际的第一步。我们并不需要盲目的信仰和盲目的服从，我们需要同志们真切了解党的策略任务，并会拿到各种不同的环境中去运用。我常奇怪，为什么新的决议与策略到北方来（丝）毫没有引起同志的争论与怀疑，但这不能证明在同志中就没有问题。实际上我看到满纸拥护新策略并用新策略去骂别人的文章，却对于新策略没有任何真切的了解。很明白，这些同志是用官僚主义与空谈的态度来对付党的决议。我们不反对而且欢迎同志们对于党的文件和决议在某种程度上的争论，及提出疑问，要求解释等。对于实际工作的争论更是容许的。只要不把这种争论又变成空谈，对于党的工作是有益处的。

（文章有删节，选自《刘少奇选集》（上卷），人民出版社，1981年12月）

“反对空谈，抓落实”的时代意义

季冬晓

1936 年 7 月 15 日，负责北方局工作的刘少奇在第 58 期《火线》上发表文章《肃清空谈的领导作风》，指出中国共产党北方组织中存在着空谈主义并带来了较大危害，必须予以肃清，“不肃清与改变这种空谈主义，我党的组织和工作是不会活跃起来、开展起来的”。

反对空谈，抓落实，不仅对于当时北方党组织准备全面抗战具有重要指导意义，而且对于当前落实全面从严治党、实现中华民族伟大复兴具有重要的现实意义。正如习近平总书记强调的，“空谈误国，实干兴邦”“真抓才能攻坚克难，实干才能梦想成真”。

首先，反对空谈，抓落实，是讲政治的具体体现。刘少奇之所以明确指出反对空谈主义，是因为它“几乎已是北方我党工作的主要障碍”。显然，空谈主义的存在严重影响了党组织政治领导力、群众组织力、社会号召力等功能发挥。习近平总书记指出："维护中央权威，贯彻落实党的理论和路线方针政策，是政治纪律，是绝对不能违反的。"由此可见，抓落实，考验的是党性，体现的是一种政治自觉。党员干部必须忠诚履行组织决定，自觉服从组织安排，不折不扣落实组织交办工作，以党的要求指引行动。

其次，反对空谈，抓落实，是坚持以人民为中心的具体体现。刘少奇认为，在领导农村进行抗战准备中，不能忽视农民利益诉求，"如果农民对于日常经济要求有兴趣，我们就领导经济斗争，同时我们向农民解释目前的民族危机"。显然，在新时代中华民族伟大复兴的进程中，领导干部要始终牢记全心全意为人民服务的宗旨，积极为实现人民对美好生活向往的目标而努力奋斗。领导干部抓落实的过程，就是全心全意为人民服务的过程。"把以人民为中心的发展思想体现在经济社会发展各个环节，做到老百姓关心什么、期盼什么，改革就要抓住什么、推进什么，通过改革给人民群众带来更多获得感。"

再者，反对空谈，抓落实，就是要求领导干部，必须以习近平总书记提出的好干部的要求为遵循，坚持说实话、谋实事、出实招、求实效，把雷厉风行和久久为功有机结合起来，勇于攻坚克难，以钉钉子精神做实做细做好各项工作。刘少奇指出：“我们的同志就要善于细心地去分析各地方各部分的特殊环境与条件，去决定在这个工厂、这个农村，在今天可以做什么？能够做什么？怎样做法？这些做好了，明天又做什么？我们的同志如能这样去做工作，就不会不实际。”显然，领导干部抓落实，就要紧密联系自己的思想、工作实际，时时反查自己，始终做到心中有党、心中有民、心中有责、心中有戒，把抓落实作为一种政治自觉、一种能力要求、一种工作操守。

（标题为编者所拟，原题《反对空谈要抓落实——重温刘少奇的〈肃清空谈的领导作风〉》，文章有删节，选自《学习时报》2019年1月23日）

刘少奇的说理艺术

阅读刘少奇的著作（尤其是其中的讲话、演讲、报告），每每令人为他的说理态度、说理方法、说理魅力感叹不已。无论对党内对党外，抑或对同级对下级，还是对群众对朋友；无论阐释党的政策策略，还是个人看法主张，抑或解答人们关心的各种问题，乃至揭露敌人阴谋、破解敌人骗局，他都坚持说理，以理服人。由此而形成的丰富多彩、令人惊叹的说理艺术，给党和人民留下了一笔宝贵的精神财富。

平等待人，以情感人

刘少奇很早就担任了各种领导职务，但他一贯平等待人，以情感人。他在说理时，就能设身处地替人着想，从而拉近双方距离，让对方放下心理包袱，心平气和地听他说理，跟他吐露内心想法，诚心服从他的道理。

1922 年秋起，刘少奇领导安源路矿工人运动两年多。这期间他耳闻目睹工人中因小失大、见利忘义的种种表现，内心焦虑不安。为此，他一面以“我们大家都是工友，世界一家，是兄弟一样，应该怎样互相亲爱、互相帮助”相劝勉；一面以“有了事情，俱乐部万余工友不能人人各干各的，必须有统一的指挥，有规则的动作，因为万余工友必须服从指挥才有办法。俱乐部的议决案，总是顾及大局，顾及万余工友的，或者有少数工友有不得利益的地方，也应为大局的关系而服从。这样俱乐部才有办法”相告诫。刘少奇这番话语中所表达的情、义、理，是如此切近、明了、深刻，听者岂能无动于衷？

晓之以理，循循善诱

刘少奇说理，带有强烈的问题意识和人文情怀，注重回答人们普遍关心的问题，纠正工作中出现的偏向，以保障（维护）党员和群众的正当权益。为此，他务使自己要讲的道理能让对方知晓，不仅知其一，还能知其二；不仅明白这样做的好处，还能明白不这样做的害处。

权衡利害，讲究策略

刘少奇善于根据形势发展、条件变化，按照趋利避害原则，制定行动方针和斗争（工作）方式。在动员、教育党员和群众时，他善于讲清一件事在何时何处、由何人去做，用什么方式方法去做，能获得最好结果；否则只能取其次，或适得其反。在争取和维护群众利益，调动各种力量完成革命任务时，他善于说服党员和群众，尽可能利用各种合法组织、合法手段，以减少阻力、避免损失。而他这样说这样做的时候，还往往受到误解，遭到批判。不过，由此却更显示了他的马克思主义水平、他的党性、他的胆识非常人可比。

照顾各方，不忘初心

刘少奇说理时，能顾及各方立场、利益、要求，仔细权衡，尽量找到兼顾各方的办法。与此同时，他始终不忘为最大多数人民谋取最大利益，践行共产党人的初心。

1948 年 4 月 28 日，刘少奇在对赴哈尔滨出席全国职工代表大会的部分地区主要负责人谈话时指出，在解放区的方针是：发展生产、繁荣经济、公私兼顾、劳资两利。只顾某一方，不顾另一方，都是不行的。因为“在解放区，如果工厂开不起来，工人就会失业，我们工人不能只强调私人的暂时的片面的利益，应该看到并服从长期的最大最根本的利益。现在主要的危险是工商业办不起来。所以主要的应该发展生产，但不照顾工人也不对”。当然，这个照顾，更多的还得从发展生产中去实现。不言而喻，刘少奇的这些道理是从实际出发、从工人的根本利益出发得出来的，因而是有说服力的。

刘少奇的说理艺术，何以有如此之广度、深度、温度和力度呢？那是因为他精通马克思列宁主义，能自觉娴熟地运用历史唯物主义和辩证唯物主义看问题，把具体问题放到具体环境中去考察分析。因为他有正确的群众观，深知群众“是有思想、有要求、能动的人群”，而“不是木头或机器”。要想组织群众，就先要启发群众的自动性，然后紧密联系群众的要求，用各种各样适当的方式去组织。因为他善于调查研究，掌握了大量第一手材料，对问题的方方面面心知肚明；又惯于独立思考，从不盲从，故而能提出恰当有效的战略策略，使人心服口服。还因为他坚守共产党人的初心，时时、处处、事事不忘为工人阶级和全体人民谋利益。不仅谋眼前利益，更谋长远利益；不仅谋局部利益，更谋全局利益。从而使他的说理具有长久的力量，哪怕一时不为人接受，甚至误解，终究也会闪耀出真理的光芒。

（作者朝东，文章有删节，选自《世纪风采》2018 年第 11 期）

我热爱新北京

★ 老舍

北京是美丽的，我知道，因为我不但是北京人，而且到过欧美，看见过许多西方的名城，假若我只用北京人的资格来赞美北京，那也许就是成见了。

我知道北京美丽，我爱她像爱我的母亲。因为我这样爱她，所以才为她的缺点着急，苦闷。我关切她的缺欠正像关切一个亲人的疾病。是的，北京确实是有缺欠。那些缺欠是过去的皇帝、军阀和国民党政府带给北京的。他们占据着北京，也糟踏北京。

在过去，举例说吧，当皇帝或蒋介石出来的时候，街道上便打扫干净，洒上清水；可是，他们的大轿或汽车不经过的地方便永远没见过扫帚与水桶。达官贵人住着宫殿式的房子，而且有美丽的花园；穷人们却住着顶脏的杂院儿。达官贵人的门外有柏油路，好让他们跑汽车；穷人的门前却是垃圾堆。

一九四九年年尾，我回到故乡北京。我已经十四年没回来过了。虽然别离了这么久，我可是没有一天不想念着她。不管我在哪里，我还是拿北京作我的小说的背景，因为我闭上眼想起的北京是要比睁着眼看见的地方更亲切，更真实，更有感情的。这是真话。

到今天，我已经在北京住了一年。在这一年里，我所看到听到的都证明了，新的政府千真万确是一切仰仗人民，一切为了人民的。只就北京的建设来说，证据已经十分充足了。让我们提出几项来说吧。

一、下水道。北京的下水道年久失修，每逢一下大雨，就应了那句不体面的话："北京，刮风是香炉，下雨是墨盒子。"北京市人民政府自从一成立，就要洗刷这个由反动政府留下的污点，一方面修路，一方面挖沟。我知道，在十几年抗日与解放战争之后，百废待举，政府的财力是不怎么从容的。可是，政府为人民的福利，并不因经济的困难而延迟这重大的任务。各城的暗沟都挖了，雨水污水都有了排泄的路子。北京再不怕下雨，下雨不再使道路成为“墨盒子”。

最使我感动的是：这个为人民服务的政府并不只为通衢路修沟，而且特别顾到一向被反动政府忽视的偏僻地方。在以前，反动政府是吸去人民的血，而把污水和垃圾倒在穷人的门外，叫他们“享受”猪狗的生活。现在，政府是看哪里最脏，疾病最多，便先从哪里动手修整。新政府的眼是看着穷苦人民的。

在北京的南城，有一条明沟，叫龙须沟。多么美的名字啊！龙须沟！可是，实际上，那是一条最臭的水沟。沟的两岸密匝匝地住满了劳苦的人民，终年呼吸着使人恶心的臭气，多少年了，这条沟没有人修理过，因为这里是贫民窟。人民屡次自动地捐款修沟，款子都被反动的官吏们吞吃了。去年夏初，人民政府在明沟的旁边给人民修了暗沟，秋天完工，填平了明沟。人民怎样地感戴是可以想象得到的。我亲自去看过这条奇臭的“龙须”和那新的暗沟，并且搜集了那一带人民的生活情形和他们对政府给他们修沟的反应，写成一出三幕话剧，表示我对政府的感激与钦佩。

二、清洁。北京向来是美丽的，可是在反动政府下并不处处都清洁。是的，那时候人民确是按期交卫生费的，但是因为官吏的贪污与不负责，卫生费并不见得用在公众卫生事业上。现在，北京像一个古老美丽的雕花漆盒，落在一个勤勉人手里，盒子上的每一凹处都收拾得干干净净，再没有一点积垢。真的，北京的每一条小巷都已经清清爽爽，连人家的院子里也没有积累的垃圾，因为倾倒秽土的人员是那么勤谨，那么准时必来，人们谁都愿意逐日把院子里外收拾清洁。美丽是和清洁分不开的。这人民的古城多么清爽可喜呀！我可以想象到，在十年八年以后，北京的全城会成为一座大的公园，处处美丽，处处清洁，处处有古迹，处处也有最新的卫生设备。

三、灯和水。北京，在解放前，夜里常是黑暗的。她有电灯，但灯光是那么微弱，似有若无，而且时时长时间地停电。政治的黑暗使电灯也无光。水也是这样。夏天水源枯竭，便没有水用。就在平日，也是有势力的拼命用水，穷人住的地带根本没有自来水管。他们必得喝井水。这七百年的古城，在反动政府的统治下，灯水的供应似乎还停留在七百年前的光景。

北京解放了，人的心和人的眼一齐见到光明。由于电厂有了新的管理法，由于工人的进步与努力，北京的电灯真像电灯了。工人们保证不缺电，不停电。这古老的都城，在黑夜间，依然露出她的美丽。那金的绿的琉璃瓦，红的墙，白玉石的桥，都在明亮的灯光下显现出最悦目的颜色。而且，电力还够供给各工厂。同样的，水也够用了。而且，就是在龙须沟的人们也有自来水吃啦。

我爱北京，我更爱今天的北京——她是多么清洁、明亮、美丽！我怎么不感谢毛主席呢？是他，给北京带来了光明和说不尽的好处哇！我只提到下水道和灯水什么的，可是我的感激是无尽的，因为提到的这些不过是新北京建设工作的一部分哪。

（选自《老舍散文集》，北方文艺出版社，2018 年 3 月）

抗美援朝战场上的“冰雕连”

★ 阿若

那场雪，下在朝鲜长津湖畔的山山岭岭，也一直下在人们心里，绵绵不绝，没有休止。

70 年前的那个冬天，一切都像是事先彩排好了似的，一场惊心动魄的战役如期上演。

参演的一方是以美军陆战 1 师、步兵第 7 师等为主的联合国军。他们一路向北推进至长津湖一带，在新兴里、柳潭里等地部署。而参演的另一方——中国人民志愿军某部 10 余万名官兵，忍着疲劳饥饿翻山越岭，悄无声息地抵达了指定位置，不动声色地接替了东线防务。

这一天，原本是个寒冷的日子。此刻，又飘起了纷纷扬扬的雪花。雪越下越大，渐至鹅毛一般大，气温降到 50 年不遇的低温。当晚，美陆战第

1 师和美步兵第 7 师正冒着风雪行军，整个机械化部队摆成一字状，绵延纵深达 50 余公里，像长蛇出洞。此刻，埋伏在崇山峻岭之间的志愿军某部，紧紧盯住这条庞大的“巨蛇”，严阵以待。当凌厉的信号弹划过寒冷的长空时，静寂的山林中爆发出惊天动地的军号声和呐喊声，数以万计的志愿军将士迅即扑向美军。突然遭遇到意想不到的攻击，美军晕头转向，但很快反应过来。翌日拂晓，经过一整夜白热化交战，美军“长蛇”被志愿军官兵迂回切断成 5 个部分。美军同样是久经沙场的王牌劲旅，“包围歼灭”殊为不易。极度严寒的长津湖地区，一场突围与反突围的惨烈战争拉开序幕。

水门桥，成为整个长津湖战役的转折点。

长津湖水库的水通过隧道被引到此处，水门桥就是架在引水管道上的悬空单车道桥梁。桥下是万丈深渊，而且根本无法绕道迂回。这座跨度仅有 8.8 米长的水门桥，便是美军整个撤退道路上最难解决的“死穴”。志愿军两次派兵将桥炸毁，美军的工兵营都迅速将其修复。第三次将桥及其底座都炸断了。志愿军官兵乐观地认为，水门桥就是美军陆战 1 师的坟场。

麦克阿瑟得知情报，大为惊恐。他紧急指挥美国空军从日本调来 8 套每套重达 1.1 吨的车辙桥组件空投到美军阵地，当天就在悬崖上架设了一座载重50吨、可以通过撤退部队所有车辆的桥梁。

即便如此，一场伏击战悄悄地等待着美军。

暴风雪将长津湖包裹在了冰雪的世界。穿插到可以俯瞰水门桥并且能封锁其交通要道高地上的志愿军某部5连，张开了一张阻击的大网，严阵以待美军陆军1师的到来。

当指挥官史密斯率领美军到达水门桥时，与志愿军多次交手、深谙志愿军打仗用兵的他不敢粗心大意，专门派遣几个侦察兵前去桥的周围察看一番，因为他知道过了水门桥再往前没多远，就是一马平川，志愿军肯定会在水门桥附近伏击。

当几个美军侦察兵爬到桥头高地时，眼前的一幕让他们莫名惊恐。原来在桥上等待伏击的志愿军官兵静静地趴在战位上。粗略一数，大概有120多名，他们穿着单薄的衣帽鞋袜，全部冻死在阵地上。这就是长津湖战役中的“冰雕连”。这些战士们一律保持着狙击的姿势，手握着枪，眼中怒视着阵地，没有一个人退缩。

美军潮水般冲过水门桥，并用炸药对这座坚固的新桥进行了爆破。爆炸时冲天的火光，意味着这场人类在最恶劣自然条件下的惨烈战役进入尾声。陆战1师的将领们长长地松了一口气，总算从濒临灭亡的险境中逃出生天。在太平洋战场上屡立奇功的他们，遭受了前所未有的重创，并经历了有史以来“路程最长的退却”。

在清理遗物时，志愿军官兵发现该连牺牲的上海籍战士宋阿毛身上的一张小纸片，上面歪歪扭扭地写着一首诗：

> 我爱亲人和祖国，
> 更爱我的荣誉，
> 我是一名光荣的志愿军战士。
> 冰雪啊！我决不屈服于你，
> 哪怕是冻死，
> 我也要高傲地，
> 耸立在我的阵地上！

无限深情的文字，恍如冰天雪地里一面鲜艳的战旗，格外地引人注目。可能是宋阿毛在战斗间隙写就的，也可能是他进入伏击阵地前的最后一刻写就的。潦草的字迹，可以想见寒冷中，他颤抖的手是怎样哆嗦着写完这些文字的。横竖撇捺，搭建起一位平凡战士壮志凌云的崇高信仰。

那些浸润连绵群山的身影，与那些泽被花草树木的魂魄，早已融化为山川风物，成为这片土地的一部分，守候着静默的意境和真实的史迹，恍若隔世。

与松骨峰战斗中牺牲的志愿军官兵一样，与烈火中永生的邱少云一样，与抱起炸药包冲向美军并引爆的杨根思一样，“冰雕连”的战士也同样是英雄，同样的伟大与崇高。朝鲜的白山黑水可以作证，清澈的长津湖可以作证，屡炸屡修的水门桥可以作证，还有那些满山不知名的花儿可以作证。它们装扮春天，点燃秋天，在岁月的长河里摇曳光华。

澄澈的天空下，只有鸽子在飞翔……它们洁白轻盈的身躯，像是一片一片永不融逝的雪花，在眼前飞舞。

（文章有删改，选自《郑州日报》2020 年 7 月 30 日）

反对官僚主义

★ 周恩来

官僚主义是领导机关最容易犯的一种政治病症。

官僚主义是剥削阶级长期统治的遗产。中国长期是封建社会，一百年来又是半封建半殖民地社会，官僚主义更是有深远的影响。

官僚主义与自由主义、个人主义、命令主义、事务主义、分散主义、本位主义、宗派主义，都是密切相关的。我们反对官僚主义，也就必须联系到反对这些主义。当然，不单单是这七种，但这七种特别突出。

官僚主义有各种表现，我现在把它分开来说。

第一种，高高在上，孤陋寡闻，不了解下情，不调查研究，不抓具体政策，不做政治思想工作，脱离群众，脱离实际，一旦发号施令，必将误国误民。这是脱离领导、脱离群众的官僚主义。

党的路线、政策再好，如果执行的业务部门给阻塞住了，那就是把党和群众隔开了。所以我把这种官僚主义列为第一种。这种官僚主义是领导者尤其是高级领导者必须时时警惕的。

第二种，狂妄自大，骄傲自满；主观片面，粗枝大叶；不抓业务，空谈政治；不听人言，蛮横专断；不顾实际，胡乱指挥。这是强迫命令式的官僚主义。

一个人站在领导地位，不虚心，不平易近人，自以为了不起、什么都懂，只要有这种思想并且在作风中表现出来，就危险了。这种人大概总是不去抓业务，觉得我是领导政治的，人家的话听不进去，觉得琐碎，也不研究人家讲话的内容，结果就蛮横专断，瞎乱指挥。

第三种，从早到晚，忙忙碌碌，一年到头，辛辛苦苦；对事情没有调查，对人员没有考察；发言无准备，工作无计划；既不研究政策，又不依靠群众，盲目单干，不辨方向。这是无头脑的、迷失方向的、事务主义的官僚主义。

常有人说："我做个辛辛苦苦的官僚主义。"好像这种官僚主义还能容许似的。我看，这种官僚主义也要批判。如果是个普通干部，忙忙碌碌，有时方向不大清楚，那还可以谅解。如果是个领导干部，怎么能容许他是个事务主义者呢？

第四种，官气熏天，不可向迩；唯我独尊，使人望而生畏；颐指气使，不以平等待人；作风粗暴，动辄破口骂人。这是老爷式的官僚主义。

第五种，不学无术，耻于下问；浮夸谎报，瞒哄中央；弄虚作假，文过饰非；功则归己，过则归人。这是不老实的官僚主义。

第六种，遇事推诿，怕负责任；承担任务，讨价还价；办事拖拉，长期不决；麻木不仁，失掉警惕。这是不负责任的官僚主义。

第七种，遇事敷衍，与人无争；老于世故，巧于应付；上捧下拉，面面俱圆。这是做官混饭吃的官僚主义。

第八种，学政治不成，钻业务不进；语言无味，领导无方；尸位素餐，滥竽充数。这是颟顸无能的官僚主义。

第九种，糊糊涂涂，混混沌沌，人云亦云，得过且过，饱食终日，无所用心；一问三不知，一曝十日寒。这是糊涂无用的官僚主义。

第十种，文件要人代读，边听边睡，不看就批，错了怪人；对事情心中无数，又不愿跟人商量，推来推去，不了了之；对上则支支吾吾，唯唯诺诺，对下则不懂装懂，指手画脚，对同级则貌合神离，同床异梦。这是懒汉式的官僚主义。

第十一种，机构庞杂，人浮于事，重床叠屋，团团转转，人多事乱，不务正业，浪费资财，破坏制度。这是机关式的官僚主义。

凡是机关大而人多的地方，必定要出官僚主义，这几乎成为规律了。那里的领导人即使精明强干，也会有官僚主义。因为那个机关本来不需要那么大，机构搞得那么臃肿，一定会有很多人不办事情，吵吵嚷嚷，很多事情在那里兜圈子，办不出去。把机关搞小，有事情一商量就解决了。

第十二种，指示多，不看；报告多，不批；表报多，不用；会议多，不传；来往多，不谈。这是文牍主义和形式主义的官僚主义。

第十三种，图享受，怕艰苦；好伸手，走后门；一人做“官”，全家享福，一人得道，鸡犬升天；请客送礼，置装添私；苦乐不均，内外不一。这是特殊化的官僚主义。

我们国家的干部是人民的公仆，应该和群众同甘苦，共命运。如果图享受，怕艰苦，甚至走后门，特殊化，那是会引起群众公愤的。

第十四种，“官”越做越大，脾气越来越坏，生活要求越来越高，房子越大越好，装饰越贵越好，供应越多越好；领导干部这样，必定引起周围的人铺张浪费，左右的人上下其手。这是摆官架子的官僚主义。

第十五种，假公济私，移私作公；监守自盗，执法犯法；多吃多占，不退不还。这是自私自利的官僚主义。

第十六种，伸手向党要名誉，要地位，不给还不满意；对工作挑肥拣瘦，对待遇斤斤计较；对同事拉拉扯扯，对群众漠不关心。这是争名夺利的官僚主义。

第十七种，多头领导，互不团结；政出多门，工作散乱；互相排挤，上下隔阂；既不集中，也无民主。这是闹不团结的官僚主义。

第十八种，目无组织，任用私人，结党营私，互相包庇；封建关系，派别利益；个人超越一切，小公损害大公。这是宗派性的官僚主义。

第十九种，革命意志衰退，政治生活蜕化；靠老资格，摆官架子；大吃大喝，好逸恶劳，游山玩水，走马观花；既不用脑，也不动手；不注意国家利益，不关心群众生活。这是蜕化变质的官僚主义。

官僚主义发展到这个程度，就严重得很了。一个干部、一个共产党员的最基本的要求，就是要有革命的热情，要有朝气、有干劲。革命热情一衰退，政治上就要蜕化了。

第二十种，助长歪风邪气，纵容坏人坏事；打击报复，违法乱纪，压制民主，欺凌群众；直至敌我不分，互相勾结，作奸犯科，害党害国。这是走上非常危险道路的官僚主义。

我举了这么多种官僚主义，分析不一定很科学，也不是说在一个机关中所有各种官僚主义都已经发生。但是，必须看到，官僚主义在我们执政的党内，在我们的国家机关内，的确是十分有害、非常危险的。在我们领导干部中，官僚主义严重的虽然是少数，然而，正如党中央三月一日的指示上所说，官僚主义的态度和作风已经给我们的工作造成许多损失，如果听其发展，不坚决加以克服，必将造成更大的危害。我们绝不能容许官僚主义再继续发展下去。

（选自《毛泽东　周恩来　刘少奇　朱德　邓小平　陈云思想方法工作方法文选》，中央文献出版社，1990年5月）

从根源上破解官僚主义

秦如培

形式主义、官僚主义既是思想问题、作风问题，也是政治问题，同我们党的性质宗旨和优良作风格格不入。习近平总书记高度重视解决形式主义、官僚主义问题，强调从讲政治的高度来审视、从思想利益的根源上来破解。这为杜绝形式主义、官僚主义指明了治本之策。

形式主义实质是主观主义、功利主义，根源在于政绩观错位、责任心缺失，主要表现为知行不一、不求实效，文山会海、花拳绣腿，贪图虚名、弄虚作假，用轰轰烈烈的形式代替扎扎实实的落实。官僚主义实质是封建残余思想作祟，根源是官本位思想严重、权力观扭曲，主要表现为脱离实际、脱离群众，高高在上、漠视现实，唯我独尊、自我膨胀，盲目依赖个人经验和主观判断。现实中，形式主义与官僚主义大多相伴相生、如影随形。出现形式主义，往往就会出现脱离群众、做表面文章，从而滋生官僚主义；出现官僚主义，往往就会出现照搬照套、敷衍了事，从而滋生形式主义。

习近平总书记指出："作风问题根本上是党性问题。"形式主义、官僚主义属于典型的作风问题、党性问题，严重损害党在人民群众中的形象，严重损害党群干群关系。党的十八大以来，以习近平同志为核心的党中央把力戒形式主义、官僚主义作为重要任务，放在整治"四风"的突出位置。在反对形式主义方面，着重解决工作不实问题，督促领导干部树立正确政绩观，克服浮躁情绪，抛弃私心杂念。在反对官僚主义方面，着重解决在人民群众利益上不维护、不作为问题，既注重维护最广大人民根本利益和长远利益，又切实解决群众最关心最直接最现实的利益问题。经过持续努力，形式主义、官僚主义的生存空间被大大挤压，广大党员、干部真抓实干的劲头不断增强。同时必须看到，一些党员、干部身上形式主义、官僚主义问题依然突出。有的抓理论学习不深不透，理解不够到位，自以为学了就是懂了，讲过就是落实了，重"痕"不重"绩"、留"迹"不留"心"；有的以为抓工作落实就是层层发文、层层开会，贯彻党中央决策部署"依葫芦画瓢"，搞"上下一般粗"；有的热衷于同下级单位签"责任状"，将责任下移，把压实责任变成“击鼓传花”。

形式主义、官僚主义违背马克思主义立场、观点、方法，背离我们党实事求是的思想路线，是理想信念动摇滑坡的表现。杜绝形式主义、官僚主义，必须坚持不懈狠抓作风建设，教育引导党员、干部特别是领导干部坚定理想信念，牢记党的性质和宗旨，牢记党对干部的要求，自觉涵养功成不必在我的精神境界、强化功成必定有我的历史担当，牢固树立正确政绩观，既做让老百姓看得见、摸得着、得实惠的实事，也做为后人作铺垫、打基础、利长远的好事，既做显功，也做潜功，不计较个人名利，追求人民群众的好口碑、历史沉淀后的真评价。

习近平总书记强调：“要坚决杜绝形形色色的形式主义官僚主义，持续为基层松绑减负，让干部有更多时间和精力抓落实。”彻底铲除形式主义、官僚主义滋生蔓延的土壤，既要有常抓的韧劲、严抓的耐心，又要靠管长远、固根本的制度。中国特色社会主义进入新时代，以习近平同志为核心的党中央以更大决心、更强力度、更实举措持之以恒解决困扰基层的形式主义、官僚主义问题，把力戒形式主义、官僚主义纳入不忘初心、牢记使命的制度，建立健全理论学习、检视问题、抓实整改的长效机制。中共中央办公厅先后印发《关于解决形式主义突出问题为基层减负的通知》《关于持续解决困扰基层的形式主义问题为决胜全面建成小康社会提供坚强作风保证的通知》，为解决困扰基层的形式主义问题、激励干部担当作为指明了方向。从根源上破解形式主义、官僚主义，必须落实到坚决贯彻党中央决策部署的具体行动上，体现到实际效果上。

领导干部是“关键少数”，必须把自己摆进去，自觉反对形式主义、官僚主义，始终做老实人、说老实话、干老实事，身体力行、以上率下，形成“头雁效应”。一方面，紧盯形式主义、官僚主义新动向新表现，充分认识形式主义、官僚主义的多样性和变异性，摸清其在不同时期、不同地区、不同部门的不同表现。另一方面，拿出真招实招，切实加强监督管理，坚决纠正督查检查考核名目繁多、频率过高、多头重复等问题，严格控制“一票否决”和过多过滥的“责任状”，切实防止出现以会议落实会议、以文件落实文件的现象，让干部从繁文缛节、文山会海、迎来送往中解脱出来，真抓实干，抓出实效、干出实绩。

（标题为编者所拟，原题《从根源上破解形式主义官僚主义》，选自《人民日报》2020年12月31日）

周恩来为何要为官僚主义“画像”?

1984 年 8 月 29 日，《人民日报》发表周恩来的文章《反对官僚主义》。这是周恩来 1963 年 5 月 29 日在中共中央和国务院直属机关负责干部会议上所作的报告中关于反对官僚主义部分的要点，后来收入《周恩来选集》。文章生动地列举了官僚主义的 20 种表现，并指出官僚主义已经给我们的工作造成了许多危害，如不坚决加以克服，必将造成更大的危害。

第一种，高高在上，孤陋寡闻，不了解下情，不调查研究，不抓具体政策，不做政治思想工作，脱离群众，脱离实际，一旦发号施令，必将误国误民。这是脱离领导、脱离群众的官僚主义。

第二种，狂妄自大，骄傲自满；主观片面，粗枝大叶；不抓业务，空谈政治；不听人言，蛮横专断；不顾实际，胡乱指挥。这是强迫命令式的官僚主义。

第三种，从早到晚，忙忙碌碌，一年到头，辛辛苦苦；对事情没有调查，对人员没有考察；发言无准备，工作无计划；既不研究政策，又不依靠群众，盲目单干，不辨方向。这是无头脑的、迷失方向的、事务主义的官僚主义。

…………

周恩来之所以用了这么多的篇幅刻画官僚主义的表现，是因为进入 20 世纪 60 年代，对党内外出现的官僚主义新情况，中央有着高度警惕。从 1963 年 3 月起，由中共中央发起，在全国范围内进一步开展了一次“五反”运动，把反对官僚主义问题再次摆到了重要位置。恰恰在这个时候，发生了由于领导机关的官僚主义作风酿成的“跃进号”万吨远洋轮沉没事件。

1963 年的“五一”节期间，我国第一艘自己制造的万吨远洋货轮——“跃进号”，在从青岛港启航驶往日本门司港途中突然沉没。这艘远洋货轮是为发展中日贸易和增进中日两国人民的友谊，满载我国出口的玉米和矿产品等货物驶往日本的。首航即沉，舆论哗然。据最初我方船员报称，“跃进号”是“因命中三发鱼雷而沉没”。周恩来对此高度重视。从5月2日到5月7日，他连续4次约见有关人员，了解事情真相。5月12日，他又冒着浓雾飞往上海进行现场调查。他对海军舰队负责人说，“跃进号”沉没事件，已成为国际事件了。他提出，对于重大问题，我们主要领导干部，一定要亲力亲为，这要成为一条规矩。

经过周恩来亲自主持的周密调查，“跃进号”沉没是由于自身触礁所致。为此，周恩来给毛泽东等人写了一封信，信中直接点明了该事件的核心问题：“‘跃进号’遇难事件，取得教训极大，首先暴露了交通部门的严重官僚主义，次之海军系统也有一定责任。”

就在“跃进号”货轮沉没事件发生前后，交通部门还连续发生多起事故，造成许多人员伤亡和财产损失。为此，交通部门报告中央，拟召开一次全交通行业的会议，意在“狠抓安全生产”。周恩来看到报告以后，作了很细的批示，并严肃地提出：“一句话，就是有领导的走群众路线。首长带头，大家动手，同心协力，保证安全。去掉官架子，建立新风气，这是交通部‘五反’的中心环节。”

借“跃进号”沉没事件等一系列由于官僚主义作风导致的事故，周恩来对反对官僚主义的问题进行了更深入的思考。5 月 29 日，周恩来在给中共中央和国务院直属机关负责干部作专题报告时，对着在座的 200 多位部长语重心长地讲道，“跃进号”货轮的沉没，这是最深刻的一个教训，归因在于犯了官僚主义的问题。正是因为如此，在报告中，周恩来特别把官僚主义提出来进行解剖。

像周恩来这样对官僚主义现象、表现形式全面深入地剖析，在我们党的历史上，在党的文献记录中并不多见。在参与创建和领导中国共产党、中华人民共和国的艰辛历程中，周恩来对官僚主义的危害有着切身体会，对官僚主义问题有着全面深入的研究，对反对和克服官僚主义问题有着深邃的思考。正是因为如此，周恩来这篇反对官僚主义，提倡“去掉官架子，建立新风气”的文章成为中国共产党人发扬斗争精神、进行自我革命的名篇。今天，我们重读周恩来的《反对官僚主义》一文，仍能深刻地感受到我们党反对官僚主义的决心和态度。事实上，反对官僚主义，不但刻不容缓，而且要久久为功。

（标题为编者所拟，原题《周恩来为官僚主义画像》，作者潘敬国、张颖，选自《中国组织人事报》2020 年 4 月 10 日）

一心一意搞建设

★ 邓小平

我们刚刚召开了党的第十二次全国代表大会。十二大以后，我国政治形势更加稳定，可以更好地一心一意搞建设了。

十二大提出的奋斗目标，是二十年翻两番。二十年是从一九八一年算起，到本世纪末。大体上分两步走，前十年打好基础，后十年高速发展。战略重点，一是农业，二是能源和交通，三是教育和科学。搞好教育和科学工作，我看这是关键。没有人才不行，没有知识不行，“文化大革命”的一个大错误是耽误了十年人才的培养。现在要抓紧发展教育事业。

十二大对过去犯了错误的同志做了比较审慎的处理。粉碎“四人帮”后，当时主持中央工作的同志坚持“左”的政治路线，又提出了错误的思想路线，叫做“两个凡是”。我说过，如果毛主席在世，他也不会承认“两个凡是”，因为那不是马列主义、毛泽东思想。如果按照“两个凡是”，我就不能出来工作，更不用谈别的问题了。我是在粉碎“四人帮”之后九个月，即一九七七年七月才出来工作的，到那时我才能参加中央的会议。我出来以后，提出毛泽东思想的精髓是实事求是，从此开始了实践是检验真理的唯一标准问题的讨论。当时有一些人抵制这个讨论。一九七八年六月我在全军政治工作会议上讲了一篇话。以后我从你们那里访问回来，在东北三省沿途又讲这个思想路线问题。经过差不多一年的讨论，到一九七八年底我们召开了十一届三中全会，批评了“两个凡是”，提出了“解放思想，开动脑筋”的口号，提倡理论联系实际，一切从实际出发，肯定了实践是检验真理的唯一标准，重新确立了实事求是的思想路线。只有解决好思想路线问题，才能提出新的正确政策，首先是工作重点的转移，还有农村政策、对外关系政策，以及相应的一整套建设社会主义的政策。

我在东北三省到处说，要一心一意搞建设。国家这么大，这么穷，不努力发展生产，日子怎么过？我们人民的生活如此困难，怎么体现出社会主义的优越性？“四人帮”叫嚷要搞“穷社会主义”“穷共产主义”，胡说共产主义主要是精神方面的，简直是荒谬之极！我们说，社会主义是共产主义的第一阶段。落后国家建设社会主义，在开始的一段很长时间内生产力水平不如发达的资本主义国家，不可能完全消灭贫穷。所以，社会主义必须大力发展生产力，逐步消灭贫穷，不断提高人民的生活水平。否则，社会主义怎么能战胜资本主义？到了第二阶段，即共产主义高级阶段，经济高度发展了，物资极大丰富了，才能做到各尽所能，按需分配。不努力搞生产，经济如何发展？社会主义、共产主义的优越性如何体现？我们干革命几十年，搞社会主义三十多年，截至一九七八年，工人的月平均工资只有四五十元，农村的大多数地区仍处于贫困状态。这叫什么社会主义优越性？因此，我强调提出，要迅速地坚决地把工作重点转移到经济建设上来。十一届三中全会解决了这个问题，这是一个重要的转折。从以后的实践看，这条路线是对的，全国面貌大不相同了。

从十一届三中全会到十二大，我们打开了一条一心一意搞建设的新路。

（选自《邓小平理论概论课文献选编》，高等教育出版社，1998年8月）

邓小平的“北方谈话”

何伟志

1978年9月13日至20日，邓小平在率中国党政代表团参加朝鲜民主主义人民共和国成立30周年庆祝活动回国后，在北方地区进行了为期8天的视察。从辽宁到黑龙江、吉林，再到辽宁、河北、天津，邓小平走一路讲一路，先后在本溪、大庆、哈尔滨、长春、沈阳、鞍山、唐山、天津等地发表一系列重要谈话，史称邓小平“北方谈话”。邓小平“北方谈话”是坚持马克思主义普遍原理与中国实际相结合，推进马克思主义中国化第二次历史性飞跃的重要成果；是中国特色社会主义理论体系，乃至开辟中国道路的破题开篇之论。

经过40多年改革开放和探求中国道路的实践，站在中国特色社会主义进入新时代的历史交汇点上，重温邓小平当年发表的广博深刻、高屋建瓴而又切实具体、深入浅出的“北方谈话”，以新时代的广阔视域领悟邓小平“北方谈话”中蕴含的解放思想、实事求是原则，长期积累的远见卓识、丰富政治经验、高超领导艺术和非凡领袖风采，在倍感亲切的同时，更引发我们对邓小平“北方谈话”历史地位、深厚内涵、意蕴价值、时代意义的深入思考，从中获得对坚定不移沿着新时代中国特色社会主义道路奋勇前进的深刻启迪。

要一心一意搞建设

1978 年 12 月召开的党的十一届三中全会，果断地停止“以阶级斗争为纲”的错误提法，确定把党和国家工作重心转移到社会主义现代化建设上来。实现党的工作重心转移之先声，正是邓小平“北方谈话”发出的。

1978 年 9 月 17 日，邓小平在沈阳军区机关及军区师以上干部会上的讲话中，形象地称自己的谈话为“点火”。他说：“我是到处点火，在这里点了一把火，在广州点了一把火，在成都也点了一把火。”1982 年 9 月 18 日，邓小平在同金日成会谈时回忆他的“北方谈话”说：“我在东北三省到处说，要一心一意搞建设。国家这么大，这么穷，不努力发展生产，日子怎么过？”“因此，我强调提出，要迅速地坚决地把工作重点转移到经济建设上来。”他还以愉快的心情表示：“从以后的实践看，这条路线是对的。”在当时揭批“四人帮”群众运动如火如荼开展的形势下，“北方谈话”明确提出要迅速地坚决地把党的工作重点转移到经济建设上来，体现了邓小平作为一位政治家的远见卓识。党的十一届三中全会后的 40 多年来，我国改革发展也经历了不同的考验与挑战，但我们党都始终坚持以经济建设为中心，坚定不移地推进改革开放，所以才取得了令人瞩目的社会主义现代化建设事业辉煌成就。

关键还是实事求是

思想路线问题的解决，是解决其他一切问题的总前提，这也是党的十一届三中全会最重要、最突出的贡献。众所周知，解决思想路线问题是从开展真理标准讨论开始的。东北地区是在全国较早开展真理标准讨论的地区。1978 年，坚持真理标准和坚持“两个凡是”之间，正进行着尖锐、激烈的斗争。就在这样的关键时刻，邓小平到东北三省发表“北方谈话”。

1978 年 9 月 16 日，邓小平在听取中共吉林省委常委汇报工作时指出：“现在摆在我们面前的问题，关键还是实事求是、理论与实际相结合、一切从实际出发。这是政治问题，是思想问题，也是我们实现四个现代化的现实问题。”“怎么样高举毛泽东思想旗帜，是个大问题。'两个凡是'不是高举毛泽东思想的旗帜。这样搞下去，要损害毛泽东思想。毛泽东思想的基本点就是实事求是，就是把马列主义的普遍原理同中国革命的具体实践相结合。"9 月 20 日，邓小平在天津市对自己的"北方谈话"进行了一次总结。他对中共天津市委负责人说："我走了几个地方，一再讲就是要解放思想，开动机器，不要当懒汉，要从实际出发。"在解放思想和拨乱反正的关键时刻，"北方谈话"消除了人们对真理标准讨论的疑虑，对推动辽宁、吉林、黑龙江，乃至整个东北地区和全国的真理标准讨论、解放人们的思想起到至关重要的作用。

关起门来不行

1978 年 9 月 15 日，邓小平在听取中共黑龙江省委常委汇报工作时指出："从总的状况来说，我们国家的体制，包括机构体制等，基本上是从苏联来的，人浮于事，机构重叠，官僚主义发展。""有好多体制问题要重新考虑。总的说来，我们的体制不适应现代化，上层建筑不适应新的要求。"9 月 16 日，邓小平在听取中共吉林省委常委汇报工作时说："我们要好好学习，到国外去看一看，看人家怎么管理的。""世界天天发生变化，新的事物不断出现，新的问题不断出现，我们关起门来不行，不动脑筋永远陷于落后不行。”9 月 18 日，在听取中共鞍山市委负责人汇报工作时，邓小平说：“引进先进技术设备后，一定要按照国际先进的管理方法、先进的经营方法、先进的定额来管理，也就是按照经济规律管理经济。一句话，就是要革命，不要改良，不要修修补补。”以对外开放的视野，在解决关键问题中有步骤地将改革不断推向前进，是邓小平设计和领导中国改革开放的一大鲜明特色。正是按照这样的改革开放思路，邓小平相继提出了实行家庭联产承包责任制、倡导兴办经济特区等一系列改革开放“大政策”，为中国特色社会主义道路披荆斩棘，开启了中华民族的新的伟大征程。

必须发展生产力

邓小平 1978 年秋天发表的“北方谈话”与 1992 年春天发表的“南方谈话”，是邓小平社会主义本质论形成过程中的两个重要节点。对社会主义本质的全面概括，是邓小平在“南方谈话”明确作出的；而对“社会主义本质”这个命题的揭示和开创性论述，则要追溯到邓小平“北方谈话”，尽管当时邓小平尚未使用“社会主义本质”这一概念。

1978 年 9 月 16 日，邓小平在听取中共吉林省委常委汇报工作时指出:“现在在世界上我们算贫困的国家，就是在第三世界，我们也属于比较不发达的那部分。”“如果在一个很长的历史时期内，社会主义国家生产力发展的速度比资本主义国家慢，还谈什么优越性？这是最大的政治，这是社会主义和资本主义谁战胜谁的问题。”这次讲话给在场的人以很强烈的震撼。9 月 17 日，在听取中共辽宁省委常委汇报工作时，邓小平又动情地说:“我们太穷了，太落后了，老实说对不起人民。我们现在必须发展生产力，改善人民生活条件。”“北方谈话”虽然没有对什么是社会主义本质这一关键问题作出直接回答，但是，大体上把什么是社会主义、怎样建设社会主义的基本含义表达出来了。以此为开端，邓小平把对社会主义的认识提高到一个新的科学水平，郑重地要求全党弄清楚什么是社会主义的问题，先后提出并阐发了“贫穷不是社会主义，发展太慢也不是社会主义，社会主义的根本任务是发展生产力”等一系列新思想。正是在这种全新的社会主义观的引领下，建设中国特色社会主义才有了正确的指导思想和理论依据，也为我们今天坚定不移地走好中国道路奠定了坚实的理论基础。

（文章有删节，选自《学习时报》2020 年 9 月 11 日）

用实干兑现庄严承诺

“纸上画藤不结瓜，芦花虽白难纺纱。”理论是行动的先导，行动是一切理论认知的落脚点。

反对空谈、崇尚实干，是中华民族的优良传统，也是我们党一贯的立场和鲜明态度。与其坐而论道，不如起而行之。我们党有着高度的理论自觉，一直重视理论建设，但反对空谈理论，始终强调“事业都是干出来的，不是说出来的”“不干，半点马克思主义都没有”。延安时期，毛泽东就曾以实干著称，他要求共产党员必须具有“认真实干”的精神。针对脱离实际空谈理论的现象，他在《实践论》中指出：“如果有了正确的理论，只是把它空谈一阵，束之高阁，并不实行，那么，这种理论再好也是没有意义的。”

奋斗改变世界，实干成就梦想。党的十八大以来，习近平总书记一再强调“全面建成小康社会要靠实干，基本实现现代化要靠实干，实现中华民族伟大复兴要靠实干”，告诫全党同志“要牢记空谈误国、实干兴邦的道理，坚持知行合一、真抓实干，做实干家”“撸起袖子加油干”。

习近平总书记不仅是实干精神的倡导者，也是躬行践履的实干家。在梁家河当大队支书时，他带领村民打坝造田、修沼气、挖水井；在河北正定，他骑着自行车跑遍了全县所有村；在福建宁德，他到任 3 个月就走遍了 9 个县，并提出了“马上就办”的工作精神和工作方法；在浙江任职期间，用了一年多时间跑遍了全省 90 个县市区；在当选中共中央总书记 15 天之后，他在参观《复兴之路》展览时就表达了要以实干托举中国梦的坚强决心。

“一语不能践，万卷徒空虚。”在“不忘初心、牢记使命”主题教育工作会议上的重要讲话中，习近平总书记专门阐述了“抓落实”的要求，强调要“把初心使命变成党员干部锐意进取、开拓创新的精气神和埋头苦干、真抓实干的自觉行动”。

道虽迩，不行不至；事虽小，不为不成。一个国家和民族能否保持永不停滞的前进步伐，归根结底要有一种以实干为荣、奋斗为美的价值观，得靠一股子脚踏实地、真抓实干的干劲、冲劲。

伟大的目标呼唤我们发扬实干精神。党的十八大提出的“两个一百年”奋斗目标，是人民对美好生活向往的集中体现，是当代中国共产党人最重要最现实的使命担当。明年，我们将实现第一个百年奋斗目标。越是接近目标，越要稳住心神、眼睛向下、埋头实干。

破解前进中的难题需要永葆实干精神。身处“两个一百年”奋斗目标的历史交会期，身处中国日益走近世界舞台中央的时代背景，我们离梦想越近，遇到的难题困境也越多。当前，外部环境复杂，风险挑战严峻，不稳定不确定因素明显增多，改革发展稳定的任务艰巨繁重，“三大攻坚战”场场都是苦仗硬仗。一切难题只有在实干中才能破解，一切办法只有在实干中才能见效。问题绕不开，难题躲不过。要跨越前进道路上新的“娄山关”“腊子口”，必须发扬实干精神，稳打稳扎，步步为营，不断攻坚克难。

维护党的作风形象需要倡导实干精神。作风问题关系人心向背，关系党的生死存亡。然而，时下一些党员干部身上存在不担当、不作为，搞形式主义、官僚主义的突出问题。有的见事迟、反应慢；有的喊口号、装样子；有的打折扣、做选择、搞变通；有的崇虚名、兴浮术、作伪事……严重影响了工作落实和党的作风形象。针对这些突出问题，党中央高度重视、坚决整治，从《关于进一步激励广大干部新时代新担当新作为的意见》到《关于解决形式主义突出问题为基层减负的通知》，导向非常明确，举措非常务实，就是要通过真招、实招，进一步引导党员干部担当作为，形成真抓实干、埋头苦干的良好风尚。

（作者宁心，文章有删节，选自《湖南日报》2019 年 10 月 25 日）

塞罕坝时间

★ 李青松

一百一十二万亩，三代人，用了整整五十五年的时间只做一件事——种树。磨出了多少老茧，磨坏了多少锹镐，数也数不清。此间，有抱怨与绝望，有荣耀与悲伤，有坚韧与抗争，有寂寞与欢乐，有荒谬与智慧，有灵魂与激情……然而，故事从未停歇，每天都是开始。这片林海负载着塞罕坝三代人的希望和梦想。这片林海是塞罕坝之根本，没有了这片林海，塞罕坝就没有了今天，也没有了未来。

1962 年，塞罕坝机械林场正式成立，任命承德专署农业局局长王尚海为第一任场长。随后，林业部工程师张启恩带着妻儿来了，场长王尚海的爱人带着五个孩子来了，河北承德农专的五十三名毕业生来了，承德二中刚刚毕业的陈延娴等六名女高中生来了，一批新毕业的大学生来了，由全国十八个省市的三百六十九人组成的林场第一支建设大军来了。他们用自己的青春和热血在这片荒野上开始书写动人的传奇故事。

然而，建场之初，塞罕坝地区生活条件非常差。没有房屋可居住，就搭马架子，盖窝棚，挖地窨解决住宿问题。严寒的冬天，马架子和窝棚被厚厚的积雪压塌是常有的事，而地窨阴冷潮湿，住在里面一点都不浪漫。那时的塞罕坝，完全落在寂静里，只有暗夜包围着的地窨里，时而传出几声长长的叹息。

食物更是严重短缺。当地有一句谚语："坝上的庄稼——山药蛋。"当时在坝上能够生长的农作物很少，只能种植一些适应高寒地区生长的白菜、土豆和莜麦等。坝上气候不适宜种小麦、玉米等粮食作物，种不成西红柿、豆角等蔬菜，苹果、梨、桃等更是想都甭想了。

人在哪里，哪里就有生活的逻辑和意义。生活虽然艰苦，但苦中也有爱情，也有快乐，也有幸福。绿色需要坚韧，需要劳作，需要不懈的努力；绿色需要空间的分布，也需要时间的积累。绿色的面积在一寸一寸扩展着，增长着，延伸着。

数字，也许是抽象的，不能带给人美感。但数字也是鲜活的，灵动的——1966 年以前种植三万四千亩，1966 年种植五万亩，1967 年种植六万亩，1968 年种植五万亩，1969 年种植五万亩，1970 年种植六万亩，到 1983 年，塞罕坝上的有林地面积已经达到了一百一十万亩。

这一组数字的背后，洒满了塞罕坝老一辈建设者的血汗，凝结着塞罕坝老一辈建设者的绿色情怀。他们几乎是用生命的代价换来了这片林海，在荒原上树立起了一座绿色的丰碑。

林海无语，丰碑无言。

塞罕坝的一只蝴蝶扇动一下翅膀，就有可能掀起太平洋上一个巨浪。生态是个整体，有一根看不见的线连着。

“塞罕坝的生态地位非常重要，它处在内蒙古高原向华北山地及平原过渡带上，是滦河等多条河流的源头，阻挡北边风沙南侵，是一道不可或缺的生态屏障。”国家林业局副局长刘东生说，“这片林海，不仅起到涵养水源、减少水土流失的作用，有利于生物多样性的保护，而且可以大量吸收和固定二氧化碳，成为碳汇库。”

1993 年，塞罕坝林场被批准建立了国家级森林公园，开启了森林生态旅游的新篇章。近几年，塞罕坝每年接待游客五十万人次以上，每年门票收入四千多万元，带动了周边乡村生态旅游，生态产品和手工艺品销售甚旺，社会总收入超过六亿多元。七星湖是塞罕坝的一处景区，一到暑期，木屋住宿的游客爆满。这么好的商业前景，本应多建一些木屋，但林场场长刘海莹对此说不。

刘海莹说："从根本上来讲，塞罕坝的生态还是脆弱的，生态承载力还是有限。我们不能干竭泽而渔、杀鸡取卵的事情。吃祖宗的饭，断子孙粮不算能耐，还祖宗的账、留子孙粮才算真本事。"

尽管生态旅游效益可观，但塞罕坝还是实行了控制游客进山总数的硬性约束机制，即游客进山总数到达一定"红线"后，便一概拒之山门之外了。"说心里话，这是让自己很痛苦的事，因为来游客，就意味着增加收入呀。可是，没办法。痛，是为了长久的快乐。"刘海莹说。

"既要绿水青山，也要金山银山。宁要绿水青山，不要金山银山，而且绿水青山就是金山银山。"刘海莹对习近平总书记的这段话或许有着更深刻的理解。

塞罕坝，森林生态系统正稳步形成。落叶松、油松、白桦、椴树、黄菠萝等乔木树种结构分明，错落有序。榛子、沙棘、柠条、火棘等灌木应有尽有，各自占据着属于自己的空间。林间，溪水淙淙，崖壁上飞瀑喷雪吐浪。过去多年未见的动物，如野鸡、野兔、狍子、猞猁，也重现了踪迹。

有人说："树木撑起了天空。如果森林消失，世界之顶的天空就会塌落，自然和人类就会一起毁灭。"在一定意义上说，树木与人的关系，就是人与自然的关系。

习近平总书记说，人与自然是一种共生关系，对自然的伤害最终会伤及人类自身。此语饱含着尊重自然，谋求人与自然和谐发展的价值理念和发展理念，是一种大情怀、大境界。

忽然想起两句话。一句话叫"山厚地厚人忠厚，山薄水浅人轻浮"。另一句话叫"森林涵养水源，生态涵养文明"。

置身塞罕坝壮美的百万亩林海，倾听着松涛的声音，深深呼吸一口那弥漫着松脂芳香的空气，顿时有一种洗心润肺的感觉了。隐隐地，我对塞罕坝似乎又有了一层新的理解——塞罕坝就是绿水青山，塞罕坝就是金山银山，塞罕坝就是我们心底那个绿色的梦。那个梦，并非虚幻缥缈，并非无根无蒂，那个梦是真的，就在眼前。

塞罕坝——塞罕坝——塞罕坝！

（文章有删节，选自《人民日报》2017年8月11日）

湖南儿女支边云南

★ 刘瀚潞

6月，云南澜沧江两岸，橡胶林翠绿挺拔，绵延数千里。一年一度的天然橡胶开割季来临，橡胶林里，人们踏着晨光开始忙碌。手起，胶刀割破树皮，胶乳汩汩流出，带来源源不断的财富。

令人难以想象的是，半个多世纪前，这里还是一片“橡胶禁区”。1959年起，数万湖南儿女支边云南，浴血奋战，种植橡胶林。有人说，中国最初的胶乳是从湖南人的血汗和精神中流出来的。

一种不可多得的战略物资

天然橡胶，与钢铁、煤炭、石油合称四大工业原料。它不仅是现代经济的命脉，更是国防和经济建设不可缺少的战略物资和稀缺资源，直接关系到国家的经济发展、政治稳定和国家安全。

中华人民共和国成立之初，橡胶种植不成规模，橡胶工业原料不能自给，长期依赖进口橡胶。

1950 年 6 月，朝鲜战争爆发。以美国为首的帝国主义对中国实行经济封锁，天然橡胶被禁运，橡胶成为迫切需要又无法进口的重要战略物资。

为了打破经济封锁，保证国防及工业建设的迫切需要，1951 年 8 月，中央人民政府做出“关于扩大培植橡胶树的决定”，决定自力更生发展橡胶事业，建设两大天然橡胶生产基地——海南岛和云南热区。

1953 年 1 月，林业部云南垦殖局成立。当年 2 月，祖国四面八方的科技工作者来到云南景洪，开始向《大英百科全书》所划定的“植胶禁区”发起挑战。1954 年，科学家在云南试种橡胶成功。

然而，彼时的云南，因开发较内地晚，人口自然增长缓慢，富余劳动力并不多。同时，宜胶区的各民族并没有意识到橡胶种植能够带来收益，生产积极性不高。1958 年，云南橡胶基地人力缺乏，举步维艰，严峻的局面惊动了党中央。

1959 年，根据党中央的指示，云南省与湖南省签订协议，调集湖南青壮年奔赴云南，去完成这项关乎国计民生的特殊任务。

一场轰轰烈烈的跨省迁徙

祖国在召唤，湖南儿女自觉担当起时代责任，即刻出列！

1959 年 10 月，距离云南 1000 多公里的湖南，一股数万人汇成的洪流在聚集，一场史无前例、轰轰烈烈的迁徙在进行。湖南和云南，湖南儿女在涌动，湘江和澜沧江起了波澜。

“我们是毛主席家乡人，我响应党中央、毛主席号召。”醴陵县支边动员大会上，县长颜傲秋挺身而出，第一个带头报名支边。1959 年 12 月 20 日，首批湖南支边人员从湖南醴陵启程踏上奔赴云南的旅程。1960 年，1 万多名祁东青壮年和他们的家人响应号召，惜别故土，奔赴云南。

写血书，搭火车，坐汽车，怀揣着理想和信念的湖南青壮年们，从湖南醴陵、祁东、祁阳三县出发，长途跋涉，奔赴彩云之南的深处，进入云南蛇虫遍地、瘴气横行的热带雨林。

从祁东县出发的支边人汪绪厚回忆，当年，他们一行支边人历经 20 多天，抵达景洪市境东南部的橄榄坝。在一片荆棘丛生、荒无人烟的原始森林里，靠着两幢草房、每幢 10 间房，120 口锅、50 对桶，再插上一面五星红旗，946 户湖南支边人就在蛮荒密林里安下了家。

据记载，1959 年底至 1960 年初及 1960 年底至 1961 年初，3 万湖南儿女分两次迁入云南。这也成为云南农垦历史上最大规模的一次人口集中迁入。

开垦出第一座定植的橡胶山林、第一座玉米山地、第一块蔬菜地和第一块水稻田……男人架桥打桩时被满满一腿的蚂蟥吮得鲜血淋漓，女同志挖梯田挖穴累得断了月经，一个人粮食两三个人吃……在云南千里边疆的热带雨林里，在遥远边地的荒山野岭中，在人迹罕至的古老村寨旁，湖南儿女建家立业，在险境中把根顽强扎下去。

一个浸润湘人血汗的橡胶奇迹

为了在热带雨林的亘古荒原尽快种上中国橡胶，湖南儿女夜以继日地干。湖南壮劳力的迁入，极大地增强了发展橡胶生产的力量。1961 年至 1962 年，湖南支边人和农场职工开荒橡胶林近 15 万亩。短短 3 年里，云南农垦橡胶种植面积从 5 万亩猛增到 20 万亩。1963 年至 1965 年，以云南等地为代表的中国天然橡胶种植业迎来生产黄金期，中国天然橡胶发展取得显著成效。

从一粒发芽的种子到胶苗到幼树，植在山上的胶苗在湖南人的精心呵护下一天天长大，长成一棵棵能流淌出胶乳的大树。1967 年，西双版纳勐醒农场二分场，湖南人支边 8 年后，终于可以收割胶乳了。

“出胶了！出胶了！！出胶了！！！第一个报捷的人那么急切。那些刚毅倔强的汉子们抱头痛哭起来。湖南支边人种在心里八年的橡胶终于流出了胶！”报告文学《中国橡胶的红色记忆》记载了湖南支边人在云南割胶时的心潮澎湃。

在橡胶的种植禁区北纬 23 度线以北地区，中国人成功生产出了橡胶，打破了西方科学界北纬 17 度以北不具备种植天然橡胶条件的魔咒。

1982 年 10 月 16 日，中华人民共和国农牧渔业部农垦局局长赵凡充满自豪地宣布，三叶橡胶树已经在我国大面积北移种植成功，这是世界橡胶种植史上的奇迹。

涓涓流淌的胶乳，凝结湖南儿女的铮铮血脉。橡胶奇迹的背后，浸润湖南儿女的湖湘精神底色。

如今，支边云南的第一代湖南儿女，有的已是暮年，有的已埋骨大山。澜沧江两岸，橡胶林密布山野，云南已成为我国三大天然橡胶生产基地之一。我国已跻身世界产胶大国行列。天然橡胶，从被“卡脖子”到成为“压舱石”。

支边云南的第二代、第三代、第四代，在新的时代下，传承着骨血里的湖湘精神，续写新的湘人故事。他们与少数民族血脉相连，鱼水相亲，相融相生，为祖国边境地区发展繁荣继续贡献力量。

（标题为编者所拟，原题《数万湖南儿女支边云南：以湖湘精神浇种中国橡胶》，选自《湖南日报》2021年6月5日）

共产党员应当善于向群众学习

★ 任弼时

二十二年来，我党已发展成为领导中国革命的大政党，成为今天团结全民族坚持抗战的核心，成为全国一切民主进步力量的支柱，成为广大民众争取解放和胜利的旗帜。我们今天庆祝党的伟大发展，同时也感到自己责任的重大。我们要加强责任心、自信心与创造能力。每个党员更应当在整风学习中，努力改造自己，提高自己，把自己锻炼得更加坚强。这样才能担负起伟大的革命任务，才能有办法克服坚持抗战中的一切困难，迎接行将到来的伟大胜利。

为了在整风学习中改造我们党员的思想方法、工作方法，更加密切党与群众的联系，我想再强调地提出共产党员应当善于向群众学习的问题。我党领袖毛泽东同志之所以伟大，所以高明，所以领导正确，就在于他能够虚心向群众学习。我们每个党员是否能照这样去做，绝不是一个可以自由随便的问题，而是有关党的领导是否正确，是否不脱离群众的问题；有关理论与实践能否密切联系，马列主义能否具体化与发展的问题；有关我们有无群众观念及党性纯否的问题；有关我们是否真正向毛泽东同志学习，扫除自己“三风”不正的残余的问题。

为什么说向群众学习，是有关党的领导是否正确，是否不脱离群众的问题呢？因为党的一切政策和决定之是否正确，要看它是否符合于群众的利益与群众的要求，是否能够得到群众的拥护，并能够动员群众积极起来去奋斗去实行，只有这样做到，才是正确的。而要这样做到便必须使我们的领导经常面向着群众，经常关心群众的生活，善于去倾听群众的呼声和了解他们的迫切需要，善于去总结群众斗争的经验并找出其教训与规律，再去指导群众行动。这就是说，凡属正确的领导意见，必须是从群众中集中起来的，又向群众中坚持下去的意见。我们只有先向群众学习，向具体事件学习，才能有办法再转而去指导群众行动。群众的创造力量是非常伟大的，只要依靠群众，任何困难问题都有办法可以解决。因此，毛泽东同志曾不断地指示我们，共产党员要了解情况与掌握政策，必须虚心向群众学习，要有“眼睛向下的决心”与“放下臭架子、甘当小学生的精神”，才能正确地去认识问题与解决问题，才能把工作做好。最近中共中央《关于领导方法的决定》，便是毛泽东同志这一思想的完整体现，是毛泽东同志几十年来在领导方法上的经验结晶。这是一个有重大历史意义的文件，每个党员特别是每个干部，都必须反复钻研去把它弄通，去纠正我们领导作风中尚存在的一些严重的脱离群众的倾向。比如，有些同志所拟的计划或决定，不是经过详细的调查研究，不是从总结群众实践斗争的经验产生的，常常是只凭主观，只凭感想，只凭书本去决定政策，自然要成为不切实际的空论。他们在执行上级一般的决定时，常常不善于根据当地情况去研究具体实现的办法，而是简单地用强迫命令的官僚主义办法去完成。在执行过程中发生困难时，又常常是眼睛向上，等待办法从上面降临，自己完全失掉主动性和创造性。他们不知道只要依靠群众，只要虚心向群众学习，一切问题都有办法解决。毛泽东同志的这个领导方法，必须使各级领导干部都学会使用。

为什么说向群众学习，是有关理论与实践能否密切联系，马列主义能否具体化与发展的问题呢？

有些同志在讲哲学时，都抽象地懂得理论由实践产生再回去指导实践，而一到实际工作中常常不能正确地使这两者统一起来，不是读了《资本论》不能解释边币、法币问题，不能做好实际工作，便是以为在春耕运动、发展合作社工作中，没有什么理论，不能学得什么理论，更想不到可以发展马列主义。其实，我们学习《资本论》，学习马列主义理论的目的，就是为了从这些学习中能够得到方法，得到经验，去帮助我们解决实际问题。我们在处理春耕运动、发展合作社等一切实际工作中，要避免盲目地摸索与乱闯，便必须善于向群众学习，善于去总结群众斗争经验，找出其教训与规律。当着我们抓到了规律后，便使我们的行动由盲目的变为自由的，有明确的方向，并按一定的计划前进。所以，理论与实践在我们的学习与工作中，是密切不可分离的。我们天天要领导群众行动，就天天需要理论来指导。这种理论不是凭空想出的，而是从群众中来的，是把群众分散的无系统的意见，化为集中的系统的意见，把群众盲目的实践，变成自觉的有目的的行动，这就是有理论指导的实践。这就真正使马克思主义不是教条，而是行动的指南，真正使马列主义的普遍真理与中国革命的具体实践相结合，真正使马列主义具体化、中国化，并有新的发展。二十二年来，我党以毛泽东同志为代表，就是用这种方法创造了一套指导中国革命的理论和策略，并在不断的革命实践中不断增添新的东西。必须认识，一切实际工作中都有马列主义，一切党的正确决定都有马列主义理论。因此，我们要学习马列主义理论，便不只是去学习马克思列宁的原著，特别要去学习中国化的马列主义，学习毛泽东同志的著作及党的决定，并要在领导群众实践中发展马列主义。

为什么说向群众学习，是有关我们有无群众观念及党性纯否的问题呢？因为我们的革命绝不是为着个人的利益，个人的名誉地位，而是为着基本群众谋解放。而基本群众的解放，又是要他们自己起来动手，才能真正得到的。所以我们在一切工作中，都要从照顾群众的利益出发，从照顾群众的经验出发，从依靠群众的力量出发。要密切党与群众的联系，在某种程度上也可以说是与群众融成一片。这就是我们所要求每个党员应有的群众观念，同时也是每个党员有无党性的起码条件。这就要求每个党员对待群众的态度，不是站在群众之上，而是站在群众之中，并有虚心向群众学习的决心。今天，在我们许多党员干部中还非常缺乏这种群众观念。他们在处理一切问题时，常常表现其观念上没有群众，或者只有抽象的模糊的群众，而没有具体的斗争的群众。他们没有从调查研究群众的实践中去想办法，而是从感想从书本上去想办法。没有想到他们所决定的东西，是否符合于群众的需要，是否能得到群众的拥护，是否能动员群众自觉地积极地起来去实行。他们没有站在群众之中，与群众融成一片，而是站在群众之上，去强迫命令。因此必然脱离群众，必然发展官僚主义，必然不能做好工作。这种人党性大成问题，应该坚决纠正。

毛泽东同志的思想方法与工作方法最大的特点，就是他的强烈的群众观念，他的虚心向群众学习的态度。他使理论与实践统一，学习与工作一致。他使马列主义具体化、中国化，同时使群众的斗争脱离盲目性、自发性，成为自觉的运动。今天在整风学习中，每个党员，特别是每个干部，都要努力学会掌握毛泽东同志的这种思想方法与工作方法，纠正自己“三风”不正的一切缺点，使全党在思想上组织上更加统一与团结，使我们与群众的联系更加密切。这样，我们便能领导中国革命走向胜利。

（选自《延安时期党的重要领导人著作选编》，中央文献出版社，2014年4月）

共产党员为什么要向群众学习

王培洲

任弼时是中国共产党第一代领导集体的重要成员，在其革命生涯中始终注重群众工作、强调群众观念。延安时期，为了在整风学习中改造党员的思想方法、工作方法，使党和群众的联系更加密切，任弼时写了《共产党员应当善于向群众学习》一文。在文中他用三个“为什么”强调了共产党员要向群众学习的原因以及如何向群众学习等问题。

“为什么说向群众学习，是有关党的领导是否正确，是否不脱离群众的问题呢?”

群众路线是党的根本工作路线。任弼时强调党的政策唯有得到群众拥护才能动员群众去执行。他认为向群众学习之所以关乎党的正确领导，是因为党制定的政策必须符合群众利益与群众要求，唯有如此才能够得到群众的拥护、动员群众积极行动。然而，要想把党的政策有效转化为群众的自觉行动，干部在制定政策的过程中必须做到面向群众、关心群众生活、倾听群众呼声以及深入了解群众的迫切需要。任弼时把这个过程中的“群众方法论”总结为：凡属正确的领导意见，必须是从群众中集中起来的、在群众中坚持下去的意见。这是因为党员干部只有先向群众学习，向具体事件学习，才能有力地指导群众行动。

任弼时针对当时党内存在的脱离群众的倾向，号召党员做到毛泽东强调的“一定要有眼睛向下的决心和甘当小学生的精神”，并要求每个党员，特别是党员干部学习 1943 年中共中央通过的由毛泽东起草的《关于领导方法的决定》。任弼时认为群众有着伟大的创造力，只要依靠群众，任何困难都有办法可以解决。他在文章中为脱离群众的干部画像：“有些同志所拟的计划或决定，不是经过详细的调查研究，不是从总结群众实践斗争的经验产生的，常常是只凭主观，只凭感想，只凭书本去决定政策，自然要成为不切实际的空论。他们在执行上级一般的决定时，常常不善于根据当地情况去研究具体实现的办法，而是简单地用强迫命令的官僚主义办法去完成。在执行过程中发生困难时，又常常是眼睛向上，等待办法从上面降临，自己完全失掉主动性和创造性。”任弼时认为解决上述问题的办法就是党员干部要虚心向群众学习。

“为什么说向群众学习，是有关理论与实践能否密切联系，马列主义能否具体化与发展的问题呢?”

理论与实践相结合是党的优良作风。针对当时党内存在的理论与实践不统一的情况，任弼时强调，有些同志在讲哲学时，只是抽象地懂得理论由实践产生再回去指导实践，而一到实际工作中常常不能正确地使这两者统一起来。他在文中指出，这种情况的出现是因为有人以为理论无法指导实践，如认为《资本论》不能解释边币、法币问题；还有人以为在春耕运动、发展合作社等实际工作中没有理论可言，也学不到理论。任弼时批判了上述两种错误认识，并指出学习《资本论》、学习马克思主义理论的目的，就是为了从这些学习中能够得到方法以帮助我们解决实际问题；在春耕运动、发展合作社等实践中要总结经验，找到规律，形成明确的方向。一句话，“我们天天要领导群众行动，就天天需要理论来指导”。

在任弼时看来，唯有从群众中来的理论才能指导实践。他指出马克思主义理论不是凭空想出的，是从群众中来的，是把群众分散的无系统的意见，化为集中的系统的意见，把群众盲目的实践，变成自觉的有目的的行动。任弼时认为只有通过向群众学习使理论与实践密切结合，才能真正使马克思主义成为行动指南而不是教条，真正使马列主义的普遍真理与中国革命的具体实践相结合，真正使马列主义具体化、中国化，并有新的发展。因此，任弼时强调我们要学习马列主义理论，不仅要学习马列原著，还特别要去学习中国化的马列主义，学习毛泽东的著作及党的决定，并要在领导群众实践中发展马列主义。

“为什么说向群众学习，是有关我们有无群众观念及党性纯否的问题呢?”

中国共产党人的党性与人民性始终是统一的。之所以说向群众学习关乎党性，任弼时认为其原因是我们的革命不是为了个人的利益、个人的名誉地位，而是为了群众谋解放。所以在一切工作中“都要从照顾群众的利益出发，从照顾群众的经验出发，从依靠群众的力量出发”。他指出党密切联系群众就要“与群众融成一片”，这是每个党员应有的群众观念，同时也是每个党员有无党性的“起码条件”。这就要求每个党员对待群众的态度不是站在群众之上，而是站在群众之中，并有虚心向群众学习的决心。

任弼时还指出了工作中缺乏群众观念的干部特征：“他们在处理一切问题时，常常表现其观念上没有群众，或者只有抽象的模糊的群众，而没有具体的斗争的群众。他们没有从调查研究群众的实践中去想办法，而是从感想从书本上去想办法。没有想到他们所决定的东西，是否符合于群众的需要，是否能得到群众的拥护，是否能动员群众自觉地积极地起来去实行。他们没有站在群众之中，与群众融成一片，而是站在群众之上，去强迫命令。”任弼时强调这样的干部必然脱离群众，必然不能做好工作，这样的情况必然发展成官僚主义，并指出这是党性问题，应坚决纠正。因此号召每个党员，特别是每个干部要坚持强烈的群众观念，在整风学习中纠正自己“三风”不正的缺点，使自己与群众的联系更加密切。

《共产党员应当善于向群众学习》一文是任弼时为纪念中国共产党成立22周年而写的文稿。当今，中国特色社会主义进入新时代，中国共产党正在向百年大党迈进。这篇文章中所蕴含的群众观仍然能够为党员干部做好新时代群众工作提供启示和借鉴。

（文章有删节，选自《学习时报》2020年6月17日）

初心不改的“骆驼”

说起任弼时，人们通常会想起他的“骆驼精神”。任弼时是党和人民的骆驼，而且是初心不改的骆驼。他在年少时，就忧虑民族的前途，关心国家的发展，牵挂百姓的疾苦；十六岁参加革命后，更是三十年如一日，为民族谋复兴，为人民谋幸福，长期抱病担负繁重工作，直至贡献出自己的生命。

为民族谋复兴

1904 年 4 月 30 日，任弼时出生在湖南省湘阴县塾塘乡唐家桥任家新屋。那时的中国，正处于半殖民地半封建社会，中国人民遭受着前所未有的苦难。任弼时和无数仁人志士一样，在青少年时期就苦苦思索和探求救国救民的道路，确立了为民族复兴而奋斗的远大志向。

据中学同学萧劲光回忆，1920 年暑假，他与任弼时一同留在学校，寻找毕业后的出路。任弼时对同学们说："我辈青年需要寻找的，是整个中华民族的出路！是革命的出路！"

十多年之后，任弼时走上党和人民军队的领导岗位，直接参加全民族抗日战争，实现了年少时的爱国之志。1937 年 8 月，红军改编为国民革命军第八路军，任弼时担任政治部主任。八路军入晋后，不畏艰难困苦，放手发动群众，坚持敌后长期抗战。经过持久的浴血奋战，最终取得抗日战争的伟大胜利。此后，中国共产党又经过波澜壮阔的解放战争，摧毁了国民党的反动政权，基本上完成了中国民主革命反帝反封建最主要的历史任务。

在革命胜利之际，任弼时保持着清醒的头脑。他在中共七届二中全会上发言时，根据毛泽东关于"两个务必"的重要论述，强调党的建设要与工作重心的转移相适应，告诫党的各级领导和组织部门：必须注重党务工作，包括党支部建设、党的领导方式、干部工作作风、党员的思想动态等。

1949 年 10 月 1 日，首都北京三十万军民在天安门广场隆重庆祝开国大典。任弼时因病在京郊玉泉山疗养，只能坐在收音机旁收听实况广播。他难掩激动之情，对妻子陈琮英说：“胜利来之不易，要珍惜它啊!”

为人民谋幸福

任弼时不仅关心民族命运和国家发展，对人民生活也时刻放在心头。1918 年秋，任弼时考入长沙私立明德中学，不久转到湖南第一联合县立中学。他一边认真学习，一边积极参加社会活动，对人民生活之艰辛有了更加深刻的认识。

随着思想认识的提高，任弼时最终选择走俄国革命的道路，以实现人民的幸福。1921 年 5 月，经上海共产党早期组织安排，任弼时与刘少奇、萧劲光等人一起，启程前往莫斯科学习。在东方大学的三年时间里，任弼时经过系统的马克思主义理论学习，不但坚定了他的共产主义信仰，而且通过对苏联社会主义建设新貌与旧中国状态的鲜明对比，使他的奋斗目标形象化、具体化。1924 年 5 月，中共旅莫支部决定派任弼时等人回国工作。任弼时与任作民一起谒列宁墓时，任作民问他：“你已经决定把一生献给革命事业了吗?”任弼时干脆有力地回答说："决定了!"

在革命战争时代，任弼时始终关心群众生活。1944 年 4 月，任弼时在陕甘宁边区高干会上作演讲时强调：打倒日本帝国主义是为着中国的解放与建设，破坏旧的社会制度和经济关系，是为了要建设一个新的社会制度和经济关系，使人民能够过着真正文明的物质和精神的生活。

新民主主义革命的胜利，让任弼时看到了人民幸福的希望。1949 年 4 月，他抱病出席中国新民主主义青年团第一次全国代表大会，向大会作政治报告，进一步强调：一个革命的政党，如果只会破坏旧的，而不会建设新的，那人民会由不满而反对它的。因此，要认识在全国获得胜利之后，还必须以同过去一样的努力，保持那艰苦奋斗、勤俭朴素的作风，要准备节省每一个铜板去为新社会经济的建设而积累一份力量。

为初心使命持久奋斗

为党和人民勤劳工作，是任弼时一生的追求。他恪守着"能坚持走一百步，就不该走九十九步"的原则，长期抱病工作。曾任中央军委情报部副部长的戴镜元后来回忆：1947 年 9 月，他到陕北佳县神泉堡向周恩来、任弼时汇报工作，“当时弼时同志身体就很不好了，血压很高，但他从来不放在心上，我记得非常清楚。特别是和我一起研究二局工作，他非常认真细致，一尺一码，一丝不苟，还亲自和我一起手工作业，一直到得出科学的结论为止”。

1949 年 11 月，中共中央决定任弼时赴苏联治病，但他心里牵挂的总是早点回国工作。经过一段时间疗养，任弼时按照莫斯科医生所嘱，尝试每日工作四小时。但朝鲜战争爆发后，他立即向中央提出多承担一些工作，在给毛泽东的信中他恳切地说：“最近几天内，每日看电报、文件及报纸，总共在四小时左右，尚能支持得住，不感觉太疲倦。自然，初期不要过分疲劳，但做点工作如分管组织部和青委我想是可以的。”毛泽东经过慎重考虑，批示：“同意弼时意见，试做工作，每日不超过四小时，主管组织部和青委。”然而，任弼时一恢复工作，就进入了忘我状态，经常超过规定时间。

1950 年 10 月 24 日，任弼时连续工作到深夜，休息前随手把台历翻到新的一页——10 月 25 日。他完全没有想到，这天清晨自己的病情急剧恶化。医生全力抢救两天，也无力回天。10 月 27

日，任弼时溘然长逝，英年四十六岁。

（标题为编者所拟，原题《任弼时：初心不改的骆驼》，作者毛胜，文章有删节，选自《湘潮》2018 年第 11 期）

不唯上、不唯书、只唯实，交换、比较、反复

★ 陈云

在延安的时候，我曾经仔细研究过毛主席起草的文件、电报。当我全部读了毛主席起草的文件、电报之后，感到里面贯穿着一个基本指导思想，就是实事求是。那么，怎样才能做到实事求是？当时我的体会就是十五个字：不唯上、不唯书、只唯实，交换、比较、反复。

不唯上，并不是上面的话不要听。不唯书，也不是说文件、书都不要读。只唯实，就是只有从实际出发，实事求是地研究处理问题，这是最靠得住的。交换，就是互相交换意见，比方说看这个茶杯，你看这边有把没有花，他看那边有花没有把，两人各看到一面，都是片面的，如果互相交换一下意见，那么，对茶杯这个事物我们就会得到一个全

面的符合实际的了解。过去我们犯过不少错误，究其原因，最重要的一点，就是看问题有片面性，把片面的实际当成了全面的实际。作为一个领导干部，经常注意同别人交换意见，尤其是多倾听反面的意见，只有好处，没有坏处。比较，就是上下、左右进行比较。抗日战争时期，毛主席《论持久战》就是采用这种方法。他把敌我之间互相矛盾着的强弱、大小、进步退步、多助寡助等几个基本特点，作了比较研究，批驳了“抗战必亡”的亡国论和台儿庄一战胜利后滋长起来的速胜论。毛主席说，亡国论和速胜论看问题的方法都是主观的和片面的，抗日战争只能是持久战。历史的发展证明了这个结论是完全正确的。由此可见，所有正确的结论，都是经过比较的。反复，就是决定问题不要太匆忙，要留一个反复考虑的时间。这也是毛主席的办法。他决定问题时，往往先放一放，比如放一个礼拜、两个礼拜，再反复考虑一下，听一听不同的意见。如果没有不同的意见，也要假设一个对立面。吸收正确的，驳倒错误的，使自己的意见更加完整。并且在实践过程中，还要继续修正。因为人们对事物的认识，往往不是一次就能完成的。这里所说的反复，不是反复无常、朝令夕改的意思。

这十五个字，前九个字是唯物论，后六个字是辩证法，总起来就是唯物辩证法。

还有，搞调查研究有两种方法：一种是亲自率工作组或派工作组下乡、下厂，这当然是十分必要的；另一种是每个高中级领导干部都有敢讲真话的知心朋友和身边工作人员，通过他们可以经常听到基层干部、群众的呼声，后一种调查研究，有“真、快、广”的特点。所谓真，就是他们敢于反映真实情况，敢讲心里话。因为他们信得过你，知道你不会整他们。我就有这样一些朋友。所谓快，就是当问题处于萌芽状态时，就能够及时发现。所谓广，就是全国各省市各行各业，都有许多高中级干部（包括离休、退休的）。在某种意义上讲，后一种调查研究比前一种调查研究更重要一些。两种调查研究都有必要，缺一不可。

一九六一年六七月间，我在青浦县小蒸公社搞调查，住了半个月。这里是我一九二七年搞过农民运动的地方，解放后也常有联系，当地的干部、群众能够同我讲真话。当时在养猪问题上已经确定实行“公私并举、私养为主”的方针，但对母猪是公养还是私养，并没有明确规定，而这是关系到养猪事业能否迅速恢复和发展的一个重要问题。小蒸公社当时有十五个养猪场，我去看了十个，还看了农民私养的猪，并召开了几次座谈会之后，感到私养母猪比公养母猪养得好，私养母猪喂食喂得好，有的甚至喂泥鳅，猪圈也干净，产苗猪多，苗猪成活率高。公养母猪喂食不分大小、强弱，像开“大锅饭”，猪圈脏得很，母猪流产多，苗猪成活率低。通过这次调查，得出一个结论，就是大部分母猪也应该下放给农民私养。

总之，后一种调查研究，你们浙江可以试一试。你们要在各行各业广交知心朋友，军队也可以这样做。

（文章有删节，选自《陈云文选》，人民出版社，1995年5月）

实事求是的现实追问

黄世勇

“实事求是”正式成为党的思想路线，至今已有半个多世纪的历史。我常想：是否可以说“实事求是”改变了现代中国先进分子、改变了现代中国人的思维方式，奠定了中国共产党执政的思维逻辑，确立了中国共产党治国理政的基础性原则，甚至从一定意义上说，“实事求是”改变了中国的命运？

实事求是思想路线的贯彻落实到底遇到了哪些问题？

实事求是在我们党长期的领导实践中得到较好的贯彻落实，这是我们的事业从胜利走向胜利的思想力量和路线保证。但随着我们事业的不断壮大，特别是不断取得越来越多的成就，我们的各级干部对实事求是思想路线的尊重和坚守意识确实存在着或多或少的淡化与减弱，这也正是党中央和习近平总书记反复强调坚持这一路线的原因所在，必须高度重视。

习近平总书记深刻指出："现在，在我们党内，贯彻执行实事求是思想路线的状况总体是好的。各级党组织自觉坚持以实事求是的思想路线指导工作，积累了不少新的经验。广大党员和干部解放思想、实事求是、与时俱进、开拓创新，展示了共产党人追求进步、追求真理的科学态度和良好形象。同时也要清醒地看到，一些党员和干部在坚持实事求是的思想路线方面还存在一些必须引起注意的问题。比如，有的常年坐在办公室，很少下基层，很少接触群众，对下情若明若暗，接'地气'不够；有的一切从本本出发，唯上、唯书、不唯实；有的固步自封、因循守旧，思想和工作落后于客观形势的要求；有的不按客观规律办事，急功近利，急于求成以至蛮干、瞎干；有的为了迎合或满足某种需要，说假话、大话、空话，甚至弄虚造假；有的怕担风险，明哲保身，明知是错的，却听之任之，不批评制止；有的不喜欢听真话、实话，不愿意修正错误、择善而从。凡此种种，都违背了实事求是的要求，虽然不是主流，但如果不重视、不警惕、不纠正，其消极影响和后果不可低估。"

党的十八大以来，以习近平同志为核心的党中央大力整饬党内存在的各种不良风气，实事求是思想路线执行效果更加显著。但客观说，五年前习近平总书记所指出的那些问题仍然不同程度地存在，有的还以另外的形式表现出来，对推动全面从严治党、开创中国特色社会主义伟大事业新境界造成重大障碍，仍然需要下大功夫加以解决。

实事求是到底有多大价值?

我认为，探讨这个问题，对于增强坚守党的思想路线是有益处的，可以从两个维度来考察。

从时间维度来考察。第一，它具有巨大的历史价值，那就是为我们提供经验和教训的双重借鉴，既让我们发扬光荣传统，又免得重蹈教训覆辙，少走甚至是不走发展的弯路，特别是不能犯习近平总书记所指出的那种颠覆性错误；第二，它具有巨大的现实价值，那就是让我们坚持马克思主义中国化方向不动摇，心无旁骛地把当前的事情办好，为实现伟大中国梦创造厚实条件；第三，它具有巨大的未来价值，那就是让我们朝着共产主义远大目标，坚定不移把中国特色社会主义这艘巨轮推向前进，为中华民族最终登上世界强国舞台开辟宽广航道。

从功能维度来考察。第一，它具有极大的政治价值，它是中国共产党区别于其他政党的重要标志，是我们中国共产党唯有的先进标签；第二，它具有极大的社会价值，它引领整个中国民众立足中国国情，脚踏实地，团结一致，共同奋斗，为整个中华民族伟大复兴不懈努力；第三，它具有极大的文化价值，它表明中国不仅仅是人口大国、经济大国，还是一个思想大国，并且是一个文化厚度极高的文化大国。

（文章有删节，选自《学习时报》2017 年 10 月 4 日）

实事求是的历史之脉

1941年，毛泽东同志在《改造我们的学习》一文中指出，“实事”是客观存在着的一切事物；“是”是客观事物的内部联系，即规律性；“求”就是我们去研究。随后，“实事求是”被确定为中央党校校训。毛泽东同志所说的实事求是，是马克思主义的实事求是，是中国共产党思想路线的核心所在。这与历史上所说的“实事求是”在内涵和思想高度上都不一样，但也有其内在的传承性。

“实事求是”这个词语最早见于班固《汉书·河间献王传》，班固赞扬汉景帝刘启的儿子刘德“修学好古，实事求是”。从班固第一次用“实事求是”到毛泽东重新定义“实事求是”，这四个字从考据学的方法发展为治学的科学态度，又发展为马克思主义认识论，其内涵和外延都在不断丰富。

当我们跨越千年梳理实事求是思想的发展脉络，可以管窥一条中国文化的历史发展之脉。这条脉络一方面批判继承了传统儒家文化经世致用、即物穷理的传统理念，一方面结合了马克思主义与中国传统文化思想，实现了马克思主义中国化的创新发展过程。

一卷弦歌不绝的千年湖湘文化史，律动着一条生生不息的文化传承发展之脉。湖湘文化中，曾以“实事求是”为校训的岳麓书院是一个重要的地理坐标，而“朱张会讲”是著名的文化坐标。南宋大学者朱熹和张栻的思想碰撞，打造了中国文化史上一场丰盛的思想盛宴，后世称之为“朱张会讲”。虽然“朱张会讲”并没有留下详细记录，但我们可以从岳麓书院的山长张栻所撰的《岳麓书院记》来探究一二。张栻在《岳麓书院记》中指出，办学不是为了追名逐利，也不是为了缀辑文辞，而是为了提升学生的品德操行；教育的目的是传道济民，为国家培养经世致用的人才。这些思想奠定了岳麓书院的办学方针，传达出湖湘文化经世致用、实事求是的思想。后世学子在湘学理世学风的熏陶下，著书立说，躬身实践，立德立功立言，用生命践行了

“传道济民”的坚定信念。

1507年，岳麓书院已经颇有影响，阳明心学一代宗师王守仁及其弟子来岳麓书院讲学。这次讲学是岳麓书院继“朱张会讲”之后的一次重要学派交流活动，掀起了岳麓书院又一个学术思想交流高峰，“知”与“行”的碰撞，不断丰富和发展了岳麓书院的经世思想。明崇祯年间，与黄宗羲、顾炎武并称为明末清初三大思想家的王夫之求学岳麓书院，这段求学经历形成了王夫之湖湘学统中的“济世救民”脉络。毛泽东的老师杨昌济在日记中写道：“船山一生卓绝之处，在于主张民族主义。”

清朝，在官府的扶持下，岳麓书院的办学规模进一步扩大，在欧阳厚均任山长时达到一个高峰。曾国藩等人都是他的得意门生。在清末的历史中，这些在中国近代史上举足轻重的人物践行着湖湘文化经世致用之学风，对近现代历史产生了较大影响。

19世纪末20世纪初，各种政治思想潮流在中国社会中跌宕起伏、碰撞交流。最终，中国共产党人选择了马列主义，并在中国革命实践中把传统文化与马克思主义结合起来。

纵观实事求是的千年历史，回顾马克思主义中国化的艰辛历程，我们可以清晰地看到一条贯穿始终的中国文化之脉。回首过去，有多少怀揣家国情怀的优秀儿女从历史深处走来，也正是他们，肩负起泱泱华夏文明的传承使命，推动着璀璨的中华历史走向美好的未来。

（作者周志茹，选自《学习时报》2019 年 3 月 25 日）

幸福是什么

★ 袁隆平

什么样的人生才是幸福的？我们似乎从未像今天这样，如此渴望获得有关它的种种答案，我更是经常被记者们“索要”这道题的答案。

那么，这道题的答案到底是什么？

在别人眼里，提到幸福，总觉得两个指标很重要，一个是利，还有一个就是名。但在我的幸福观里，既没有对“利”的计较，也没有对“名”的追求。

我觉得要那么多钱做什么？那是个大包袱！有的人觉得钱越多越幸福，我觉得那未免太庸俗了。“君子爱财，取之有道”，但幸福绝不是用钱能衡量的，钱也买不到幸福。追求金钱只能让人获得物质上的享受，我不追求这个。我对那些豪华的东西不感兴趣，我穿的衣服都很便宜。我从不讲派头，不追名牌。我穿衣原则只有一条，那就是朴素大方。每年去海南三亚培育水稻时，我都要买上好几件四五十元钱的衬衫，还总向身边人“推销”：“这样的衬衣好得很，美观大方，又透气，下田的时候穿起来方便，不用担心弄脏了。”我最贵的衣服是到北京领国家最高科技奖之前，经不住同事劝了半天，才买的一套七八百元的西装。

年轻时，我靠一双脚走路下田搞科研；十几年前，我“奢侈”地买了一辆摩托车；在被评估机构宣布身价达到千亿后许久，我才“跟上形势”，买了辆私家车，也只是 10 万多元的国产小轿车。当年，听说要用“袁隆平”命名一只股票时，我老伴邓则不乐意了，她说：“你说今天‘袁隆平’涨三分，明天‘袁隆平’跌两分，多难听啊。”老伴懂我，最知道我对赚钱这件事从来不上心。

我也曾接到过多家国际机构抛出的“橄榄枝”，联合国粮农组织还曾在上世纪 90 年代以每天 525 美元的高薪聘请我去其他国家工作，但都被我一一谢绝了。如果只为了钱，我早就到国外去了，但我认为中国这么一个大国，这么多人口，粮食始终是头等大事，我在国内工作会比在国外能发挥更大的作用。

当然，如果说人完全不需要名利，那是假话，但我认为不要把名利看得太重了，人不能为了追求名利而活着。乐观一点、豁达一点，不要为小事情发愁计较，更不要为了追逐名利而花心思，否则稍微有点挫折你就受不了。

至于功名利禄，我是这样辩证看的：把名利看得淡一点，就不会为名利所累，就不觉辛苦；把名利看得太重，甚至为了名利而生活，就会有负担。

上世纪 90 年代，湖南省曾三次推荐我为中国科学院学部委员，即现在的中国科学院院士，可我三次都落选了。当时有人说我落选比人家当选更引起轰动，也有人为我打抱不平，但我认为没当成院士没什么委屈的。我搞杂交水稻研究不是为了当院士，没评上院士说明我的水平不够，应该努力学习；但学习的目的还是为了提高自己的学术水平，而不是为了当院士。

有一位普通农民，年轻时对饥饿有切肤之痛，后因种植杂交水稻而一举改变了缺粮的状况，为了表达对我的感激之情，他写了一封信请求我给他提供几张不同角度的全身照片，说要给我塑一尊汉白玉雕像。在回信中，我这样写道："谢谢你的好意，请你务必不要把钱浪费在为我塑什么雕像上，我建议你把钱用到扩大再生产上去。请你尊重我的意见，并恕我不给你寄照片。”尽管我再三拒绝，但那位朴实的农民还是为我塑了一尊像。有人问我见过那个雕像吗，我笑道：“我不好意思去看。”

至于荣誉，我认为它不是炫耀的资本，也不意味着“到此为止”，在我看来那只是一种鼓励，鼓励你向更高的目标攀登。

不为名，不为利。那么，我的幸福又是什么呢？

我觉得幸福首先在于身体健康。

“英雄只怕病来磨”，如果没有好的身体，无论你拥有再多的成就或财富，幸福感都会下降。健康的身体是成功的第一要素，也是最基本的要素。身体不健康，就会心有余而力不足，无论你搞什么研究、做什么工作都支撑不下来。

我常笑称自己是“80 岁的年龄，50 岁的身体，30 岁的心态”。“50 岁的身体”，得益于我“爱玩”。我爱游泳，曾经连续三年我都是湖南省农科院的游泳冠军，短距离 50 米，年轻人都游不赢我；我爱打气排球，下班后，我常常张罗大家一起打气排球，我和老伴搭档，我是主攻手，如今气排球已经成为风靡整个农科院的运动项目。除了热衷于打气排球外，拉小提琴、跳踢踏舞、下象棋，也都是我的强项。我以前觉得抽烟也是件幸福的事，而且总喜欢把烟吞进去来个“大循环”。后来我的气管不好，有点气喘，只能把“大循环”改成“小循环”，就是让烟在嘴巴里兜一会儿，不吸入喉咙里头。可是我常常一不小心就忘了，习惯性地吞一口，前功尽弃。为了健康，这次我下决心要彻底把烟戒了。

我觉得更大的幸福在于心态要好。

人在工作时要能吃苦，但在生活中，弦不能一直绷得太紧。我说我有着“30 岁的心态”，或许是大自然对我这个与农田打了一辈子交道的人最大的馈赠。在老伴邓则的眼里，生活中的我就像个孩子。我热爱身边的一切事物，这种热爱大到国家、人民、土地，小到身边的一草一木。农科院里的草绿了，枝叶发芽了，我常常是第一个发现的人。英语里有句谚语：在严峻的事实面前，要放轻松一点；对平常的小事，则要严正一点。这也就是我说的“30 岁的心态”。一个人拥有好的心态最重要。

当然，我觉得最大的幸福在于我所从事的杂交水稻事业。

能为社会、为人民做一点好事，我觉得这就是我最大的安慰。我现在每天都要下田，杂交水稻就像我的孩子一样，看着它们一点一点成长，我的心中无比欢喜。我痴迷于土地，无论有多忙，我都要下田看看我的“宝贝”。只要脚踩在土里，人就觉得踏实，就变得年轻。我把对土地的眷恋也传递给我的学生，怕苦不肯下田的人，我绝不培养。我常提醒他们：“书本知识很重要，电脑技术也很重要，但是书本里种不出水稻，电脑里也种不出水稻，只有在田里才能种出水稻。”

我做过一个梦，梦见杂交水稻的茎秆长得像高粱一样高，穗子像扫帚一样大，稻谷像一串串葡萄那么饱满，籽粒像花生米那么大，我和大家一起在稻田里散步，在稻穗下面乘凉。那个梦真是太美了。梦见禾下乘凉，就是我最幸福的时候。这个梦我做过两次呢。

（选自《新湘评论》2013 年第 5 期）

太空一日

★ 杨利伟

我以为自己要牺牲了

9 时整，火箭尾部发出巨大的轰鸣声，数百吨高能燃料开始燃烧，八台发动机同时喷出炽热的火焰，高温高速的气体，几秒钟就把发射台下的上千吨水化为蒸气。

火箭起飞了。

我全身用力，肌肉紧张，整个人收缩得像一块铁。

开始时飞船缓慢地升起，非常平稳，甚至比电梯还要平稳。我感到压力远不像训练时想象的那么大，心里稍觉释然，全身绷紧的肌肉也渐渐放松下来。

“逃逸塔分离”，“助推器分离”……

火箭逐渐加速，我感到压力在不断增强。因为这种负荷我在训练时承受过，变化幅度甚至比训练时还小些，所以我的身体感受还挺好，觉得没啥问题。

但火箭上升到三四十公里的高度时，火箭和飞船开始急剧抖动，产生共振。这让我感到非常痛苦。

人体对 10 赫兹以下的低频振动非常敏感，它会引起人的内脏共振。而这时不单单是低频振动的问题，而且这个新的振动叠加在一个大约 6G 的负荷上。这种叠加太可怕了，我从来没有进行过这种训练。

意外出现了。共振以曲线的形式变化着，痛苦的感觉越来越强烈，五脏六腑似乎都要碎了。我几乎无法承受，觉得自己快不行了。

当时，我的头脑还非常清醒，以为飞船起飞时就是这样的。其实，起飞阶段发生共振并非正常现象。

那种共振持续 26 秒钟后，慢慢减轻。我从极度难受的状态中解脱出来，一切不适都不见了，感到一种从未有过的轻松和舒服，如释千钧重负，如同一次重生，我甚至觉得这个过程很耐人寻味。但在痛苦的极点，就在刚才短短一刹那，我真的以为自己要牺牲了。

飞行回来后我详细描述了这种难受的过程。经过分析研究，工作人员认为，飞船共振主要来自火箭的振动。随后他们改进技术工艺，解决了这个问题。在“神舟六号”飞行时，情况有了很大改善，在后来的航天飞行中再也没出现过。聂海胜说：“我们乘坐的火箭、飞船都非常舒适，几乎感觉不到振动。”

在空中度过那难以承受的26秒钟时，不仅我感觉特别漫长，地面的工作人员也陷入空前的紧张中。因为通过大屏幕，飞船传回来的画面是定格的，我整个人一动不动，眼睛也不眨。大家都担心我是不是出了什么事故。

后来，整流罩打开，外面的光线透过舷窗一下子照射进来，阳光很刺眼，我的眼睛忍不住眨了一下。

就这一下，指挥大厅有人大声喊道：“快看啊，他眨眼了，利伟还活着！”所有的人都鼓掌欢呼起来。

这时我第一次向地面报告飞船状态：“‘神舟五号’报告，整流罩打开正常！”

当我返回地球观看这段录像时，我激动得说不出任何话来。

归途如此惊心动魄

5时35分，北京航天指挥中心向飞船发出“返回”指令。飞船开始在343公里高的轨道上制动，就像刹车一样。

飞船先是在轨道上进行180度的调姿——返回时要让推进舱在前，这就需要180度的“调头”。

“制动发动机关机!”5时58分，飞船的速度减到一定数值，开始脱离原来的轨道，进入无动力飞行状态。

6时4分，飞船飞行至距离地100公里，逐渐进入稠密大气层。

这时飞船的飞行速度仍然很快，遇到空气阻力后，它急剧减速，产生了近4G的过载，我的前胸和后背都承受着很大压力。我们平时已经训练过如何应对这种情况，因此身体上能够应付自如，心理上也没有为之紧张。

让我紧张以至惊慌的却另有原因。

先是快速行进的飞船与大气摩擦，产生的高温把舷窗外面烧得一片通红；接着在映红的舷窗外，有红的白的碎片不停划过。飞船的外表面有防烧蚀层，它是耐高温的，随着温度升高，开始剥落，并在剥落的过程中带走一部分热量。我学习过这方面的知识，看到这种情形，知道是怎么回事。

但随后发生的情况让我非常紧张——右边的舷窗开始出现裂纹。窗外烧得跟炼钢炉一样，玻璃窗开始出现裂纹，那种纹路就跟强化玻璃被打碎后的那种小碎纹一样，这种细密的碎纹，眼看着越来越多……说不恐惧那是假话，你想啊，外边可是1600～1800℃的超高温度。

我的汗出来了。这时候舱内的温度也在升高，但并没有高到让我瞬间出汗的程度，其实主要还是因为紧张。

我现在还能回想起当时的情形：飞船急速下降，跟空气摩擦产生的激波，不仅有极高的温度，还伴随着尖利的呼啸声；飞船带着不小的过载，在不停振动，里面咯咯吱吱乱响。外面高温，不怕！有碎片划过，不怕！过载，也能承受！但是看到舷窗玻璃开始出现裂缝，我紧张了，心想：完了，这个舷窗不行了。

当时我突然想到，美国的“哥伦比亚号”航天飞机不就是这样出事的吗？一个防热板先出现一条裂缝，然后高热就使航天器解体了。现在，这么大一个舷窗坏了，那还得了！

先是右边舷窗出现裂纹，当它裂到一半的时候，我转过头一看左边的舷窗，也开始出现裂纹。这个时候我反而放心一点了：哦，可能没什么大问题！因为如果是故障，重复出现的概率并不高。

回来后我才知道，飞船的舷窗外做了一层防烧涂层，是这个涂层烧裂了，而不是玻璃窗本身出现问题。为什么两边没有同时出现裂纹呢？因为两边用了不同的材料。

以前每次进行飞船发射与返回实验，返回的飞船舱体经过高温烧灼，舷窗黑乎乎的，工作人员看不到这些裂纹。而如果不是在飞船体内亲眼看到，谁都不会想到有这种情况。

此时，飞船正处在黑障区，距离地面大约 80 公里到 40 公里。当飞行到距离地面 40 公里时，飞船飞出了黑障区，速度已经降下来，上面说到的异常动静也已减弱。

一个关键的操作——抛伞，即将开始。

这时舷窗已经烧得黑乎乎的，我坐在里面，怀抱着操作盒，屏息凝神地等待着配合程序：到哪里该做什么，该发什么指令，判断和操作都必须准确无误。

6 时 14 分，距离地面 10 公里，飞船抛开降落伞盖，并迅速带出引导伞。

这是一个剧烈的动作。

能听到“砰”的一声，非常响，164 分贝。我在里边感到被狠狠地一拽，瞬间过载很大，对身体的冲击也非常厉害。接下来是一连串的快速动作。引导伞出来后，紧跟着把减速伞也带出来，减速伞使飞船减速下落，16 秒钟后再把主伞带出来。

其实最折磨人的就是这段过程了。随着一声巨响，你会感到突然减速；引导伞一开，使劲一提，会把人吓一跳；减速伞一开，又往那边一拽；主伞开时又把你拉向另一边。每次力量都相当重，飞船晃荡得很厉害，让人不知道是怎么回事。

我后来问过俄罗斯的航天员，他们从不给新航天员讲这个过程，担心新手们害怕。我回来却讲了，每一个步骤都给“神六”和“神七”的战友讲了，让他们有思想准备，并告诉他们不用紧张，很正常。

我们航天员是很重视这段过程的：伞开得好等于安全有保障，至少保证生命无虞。所以我被七七八八地拽了一通，平稳之后心里却真是踏实——数据出来了，速度控制在规定范围内。我知道，这伞肯定是开好了！

距离地面 5 公里时，飞船抛掉防热大底，露出缓冲发动机。同时主伞也有一个动作，它这时变成双吊，飞船被摆正了，在风中晃悠着落向地面。

飞船距离地面 1.2 米，缓冲发动机点火。接着飞船“嗵”的一声落地了。

我感觉落地很重，飞船弹了起来。在它第二次落地时，我迅速按下了切伞开关。

飞船停住了。此时是 2003 年 10 月 16 日 6 时 23 分。

那一刻四周寂静无声，舷窗黑乎乎的，看不到外面的任何景象。

过了几分钟，我隐约听到外面喊叫的声音，手电的光束从舷窗上模糊地透进来。我知道：他们找到飞船了，外面来人了！

（文章有删改，选自《太原晚报》2021 年 6 月 28 日）

图书在版编目（CIP）数据

读有所得．学史力行专辑 /《读有所得》编辑部编．-- 长沙：湖南文艺出版社，2021.8（2022.5 重印）
ISBN 978-7-5726-0309-9

Ⅰ.①读… Ⅱ.①读… Ⅲ.①中国共产党－党史－学习参考资料 Ⅳ.①D23

中国版本图书馆 CIP 数据核字（2021）第 149934 号

读有所得·学史力行专辑

DU YOU SUO DE · XUESHI LIXING ZHUANJI

中共湖南省委宣传部指导
《读有所得》编辑部编

出 版 人：曾赛丰
监　　制：曾昭来
责任编辑：匡杨乐　李涓　谢朗宁
编　　选：吴金
责任校对：黄晓　胡伟英
装帧设计：泽信策划设计
封面供图：视觉中国

湖南文艺出版社出版、发行
（湖南省长沙市雨花区东二环一段 508 号　邮编：410014）
网址：www.hnwy.net
湖南省新华书店经销　三河市人民印务有限公司

2021 年 8 月第 1 版　2022 年 5 月第 7 次印刷
开本：787 mm × 1092 mm　1/32
印张：4
字数：74 千字
书号：ISBN 978-7-5726-0309-9
定价：15.00 元

《读有所得》编辑部
联系电话　0731-85983069　官方邮箱　duyousuode@sina.com
官方微博　https：//weibo.com/duyousuode

本社邮购电话：0731-85983015
如有印装质量问题，请直接与本社出版科联系调换